單車壯遊夢，分時分段行

環球傳騎

陳守忠◎著

目錄

Part III

Part IV

Part V

美國段 156

讓夢想飛翔

林正義（太平洋自行車股份有限公司董事長）

《環球傳騎》一書即將付刊，我因參加他們二〇一三年歐洲段的慶功宴，親身感受參加車友的興奮心情，因而有幸先睹為快，並作感言。

沒有任何其他方式能比騎自行車更能使人接近自然、接近大地，感受自己的心跳。每踩一下，你都能感覺地面的起伏顛簸，你用力多少、心跳多快，由你掌控自己的步調、速度、方向。你的皮膚直接感受風的阻力吹拂，陽光的熱度，汗流浹背的感覺，對周遭環境的直接視覺。爬坡時你會期待下坡時的舒暢，下坡時你會預備上坡時的考驗，爬長坡時你會調節心跳速度……這一切都要自己去體驗與體會。騎自行車最能體會人生的哲理，所謂人生一如騎車，你須持續前進以免失衡。

騎車環球一直是人類遙不可及的夢想。一九八四年胡榮華以四年時間完成四十國、四萬兩千六百八十六公里單車環球壯舉。一九九八至一九九九年陳守忠以四百天時間，騎經二十餘國，完成環球一圈。二〇〇二至二〇〇三年黃進寶夫妻與兩子以十三個月時間，完成「鐵馬家庭環球行」。儘管已有前跡可循，門檻稍微降低，但對高齡者、幼小者、體弱者、殘障者而言，單車環球壯遊仍是遙不可及的挑戰。

中華單車文化協會的「環球傳騎」行程，排除壯遊的主要困難，安排每日騎車里程在四十至一百公里，其餘路程搭車，避免耗時在景色雷同及風險較高路段，大幅縮短整個活動的時間。每一大段約四十天，再分為三小段各約十來天，參與者可依自身的狀況調整。從二〇一一年的絲路中國段，二〇一二年的絲路中亞段，二〇一三年歐洲段，至二〇一四年美國段，第一輪「環球傳騎」行程已完成。參加者從11到76歲，有夫妻檔、親子檔、朋友檔，也有個人參加者，平均年齡超過60歲。

本書敘說許多奇聞異事，例如：〈內蒙運煤車堵車奇觀〉、〈難忘的火焰山〉、〈因為一瓶酒進法院〉、〈多瑙河畔偶遇天體營〉；許多感人故事，包含〈抗癌騎士——顏政治，伉儷鐵馬行〉，尤其是他的名言：「騎車是為了活下去。」還有〈叫他第一名——中風騎士鄭秀雄〉、〈11歲小騎士陳萱〉，及〈不老騎士——張永定〉。讀起來趣味盎然。

「分時分段，單車環球」從臺灣走出去，讓世界看見臺灣。作為臺灣的一家自行車製造業者，本公司投入35年以上時間，開發最適合用於長途騎乘的小折車，以增進騎車的表現及樂趣。臺灣精品自行車Reach，很榮幸能陪伴「環球傳騎」達成任務，呈現臺灣的另一項亮點。

人人都能完成壯遊

高俊雄（國立體育大學校長）

一千四百年前，唐朝玄奘法師為汲取佛經，從長安徒步往返印度，對中華文化和人民信仰留下無價且長遠的遺產。

二〇〇九年，陳守忠和幼兒園大班的女兒，兩人從臺灣一起騎乘自行車（搭配飛機），往返新疆，堪稱現代西遊記。不僅創造許多天涯若比鄰的異國風情體驗，也在臺灣掀起壯遊的風潮。

二〇一五年在國立體育大學校園舉辦的小鐵人三項（9至13歲），兩百七十一人報名參加並且全部完成游泳、自行車和跑步全程。令現場的父母親和教練、工作人員士氣大振。小鐵人們還一直問：下次比賽是什麼時候？

只要規畫充分，應用專業，認真準備，參考成敗經驗，人人都可以嘗試壯遊，完成壯遊。

探險精神的最佳展現

徐海鵬（山河探險協會祕書長）

全球首位對石灰岩地形做科學考察，並在我國歷史上因「地理壯遊」被尊稱為「遊聖」的徐霞客，在其遊記中曾說：「余謂遊不必騎，亦不必同，惟指示之功，勝於追逐。余之欲行者，正恐其同；其不欲同者，正慮其騎也。」這是其旅行經驗的總結，騎馬速度太快會有遺漏，人多同遊則意見紛擾，皆不能集中精神在旅途中探索。而不易找到既了解風景名勝又熟悉路徑的「導遊」，所以他深刻理解導遊對旅行的重要性。再者遊記要具有可讀性，其標準是及時記錄、深入觀察及準確描述。

守忠兄自一九九八至一九九九年完成單車環球後，十幾年來一直在單車環球旅行此領域努力。二〇〇九年他先推出「單車親子壯遊」，與太太翠華及女兒陳萱，從西安至烏魯木齊騎行中國大陸絲綢之路。二〇一一年他再推出「分時分段，單車環球」，以四年一輪迴的「環球傳騎」壯遊活動，讓懷抱「單車環球」夢想的朋友，有一圓夢想的機會，並在二〇一四年順利、圓滿及安全地完成第一個輪迴，這是臺灣戶外探險界的一大盛事，而他的這股意志力，更是「探險精神」最佳的展現！

徐霞客理想中的旅行有四個元素：一、旅行的速度不要快，二、同遊的人不要多，三、有理想的導遊，四、審慎的紀錄。以前三個元素論，我所理解的「環球傳騎」，除了「同遊的人不要多」外，已經很接近徐霞客理想中的旅行了。當然，此一時彼一時也，因為陳守忠這位理想的導遊，所以「人多同遊則意見紛擾」也就淡化了。同時此活動還可以讓很多朋友一起完成夢想，而分段陪騎的朋友，就如同訓練一樣，可以培養他們逐漸地具有完成「環球傳騎」的能力。

最後在談「審慎的紀錄」前，先談「壯遊」這個詞。一般由英文"the grand tour"一詞翻譯而來，意指「教育之結業旅行」，即十六世紀末英國富有青年學生至歐洲各大都市旅行，做為教育的最後一個階段；其實它出自我國唐朝，大詩人杜甫曾寫下著名的詩作〈壯遊〉：「……東下姑蘇臺，已具浮海航。到今有遺恨，不得窮扶桑……」他在蘇州備妥船，準備東遊日本，可惜未成行，壯遊一詞由此而來。「環球傳騎」於二〇一四年9月完成第一個四年輪迴，二〇一五年7月就結集出書以廣流傳，俾使這種「永往直前」的精神產生持久的學習效果。當然這本書也是這十幾年來，所有幕後臺前曾經支持過「環球傳騎」的各界朋友們，最值得驕傲的一個永久紀錄。

貼近世界，不是「英雄人物」的專利

戚海倫（資深體育記者）

認識守忠哥已經好多年了，每次見面都很期待，期待他說故事：一個又一個精彩絕「輪」的故事。

一九九八年7月，守忠哥騎單車出發，花了四百多天，騎過二十多國，直到一九九九年11月完成單車環球！當年，守忠哥出發時，我才大學畢業沒多久，剛進入媒體工作；陸續透過媒體報導，知道這位繼胡榮華之後、又一位臺灣「騎」人。

之後，因緣際會，真的認識守忠哥，有更多機會聽他說故事，才知道他的「壯舉」，遠比媒體有限篇幅報導的更精彩。登山、飛行傘、航海、獨木舟，守忠哥都有涉獵！當然，騎單車，是大家最認識他的一面！

有勇氣、也有方法，守忠哥豐富的單車環球旅行經驗，讓他成為有志以此方式、一圓夢想的人最想請教的前輩。更開心的是能看到，二〇一一年開始，他開創的「環球傳騎」行程：分時、分段，讓騎單車環球一周不再是那麼遙不可及、讓人卻步的事。

豐富的經驗，是守忠哥策劃和帶領「環球傳騎」最強大的後盾，相信也是歷來所有參與其中的男女老少騎士，願意放心投入的重要原因之一。如今，這些美妙而獨特的旅程，透過文字和照片，一一呈現在讀者面前，除了記錄，相信也能鼓舞更多人投入，一起寫下屬於自己的故事。

二○○九年，守忠哥帶著妻子還有6歲女兒陳萱，展開絲路親子單車壯遊。當時我在報社工作，行前就對他們一家三口信心滿滿；兩個月後，他們果然成功歸來，也分享了他們的喜悅。當時沒有告訴守忠哥的是，其實心裡好羨慕啊！不僅是因為一家人能有機會用這樣的方式長途旅行，也因為絲路是我長久以來一直想去的地方啊！

對血液裡流著旅行因子的人來說，是絕對不甘於只透過文字、網路、影片，用神遊的方式去感受這世界。參與「環球傳騎」的騎士，一定也能認同這一點：就是因為速度慢，才更能感受沿途的文化深度和人情溫度。

透過這本書，讀者也能發現：貼近世界，不是「英雄人物」的專利。每個人，不分年紀、性別、出身背景，都能有機會用自己的方式，和自己對話、和世界對話，只要踩上踏板、不放棄踩踏，世界就在不遠的前方，可以真真實實地去感受、去擁抱。我在看這本書時，深深為書中每位參與環球傳騎的騎士感動，他們就像鄰居的叔叔伯伯阿姨或是弟弟妹妹，在騎程中像家人般地互相照顧，也為自己圓一個不一樣的夢！

帶回世界的美好

周佐翰（二〇一二年單車環球者）

「世界就像一本書，要是不旅行的人，其實只讀了僅僅一頁而已。」——這本書內的內容，在我們決意出發之前，無人知曉；每位團員充滿勇氣的生命歷程，共同刻畫了這本書的奇特情節。

益友姜薑協助團員們處理難以克服的中亞旅行障礙，在嚴苛的夏季沙漠環境和日間禁食的回教齋戒月裡，我們一同置身昔日絲路商隊曾揚起的僕僕風塵之中，吸入跨越時空而來，總是熱鬧卻能帶給內心靜謐哲思的中亞氣息。當宏淋在塔什干被夜店外的計程車司機載走、惠馨和心侃哥因行李中的伏特加被伊朗海關攔下、土耳其空襲我們途經的庫德族占領區、伊朗齋戒月深夜營業的遊樂園內兩個女孩，拉著我們逃離不良少年的惡意挑釁……旅途中一次次命運的必然在我們眼前展開，與我們的意願作對嘶吼；而每次的機智應對，都帶領我們走向旅程更神祕的地方……如同人本心理學家羅洛梅著名作品《自由與命運》一書裡所表述：沒有直面自己命運並與之挑戰的勇氣，就沒有展現自由的可能——政治哥、秀雄哥，與每位決意出發前行的勇士們，可說是最佳典範。

良師守忠哥在歐洲段尾聲提醒我，可以把所有團員的感想用影片錄下，我詢問大家這次歐洲旅程的心得，還有臺灣和歐洲的差異，素霞姐的感想尤其震撼我：「歐洲人比較早信上帝，所以他們活在像天堂一樣的地方。而我們只能住在比較差的地方。」虔誠的天主教徒素霞姐如此解釋臺灣與歐洲的差異。這解釋讓我震撼，並不是因為這是立基於宗教的見解，而是一位生長於臺灣近七十年的臺灣人，能在一趟環遊世界單車旅行的路上，察覺更美好生活的可能，進而對自己所生長的環境做出評判。我相信有能力發現不足之處，才有可能做得更好。要是有更多有為人士能踏出探索世界的旅程，相信臺灣的進步是必然的成果。

我們在旅途中與世界互文，把臺灣的美好與路上遇到的友人們分享；回到臺灣的我們與之前不再一樣，我們感受到臺灣的優勢與不足，進而能把世界的美好，一一帶回臺灣。

「真正的發現之旅，不在於尋找新風景，而是使自己擁有一雙新的眼睛。（The real voyage of discovery consists not in seeking new landscapes, but in having new eyes.）」普魯斯特如是說。

Part I

分時分段單車環球

四年了，在結束橫越美國段行程，完成了第一屆分時分段單車環球計畫時，有些驚訝，四年就這樣瞬間而過。整個四年計畫，參加人次超過一百位。隊員年齡從11歲到76歲，其中顏政治（69歲）、廖木旺（60歲）經過四年的堅持，也完成個人的分時分段單車環球壯舉。

二〇一一年，當我們決定進行這個

全球首創的高操作難度但可行的環球計畫時，也沒有十足的把握，能順利的完成這個延續四年的長時間計畫。但從每段參與夥伴的支持、鼓勵及回饋之中，讓我們激發出前進的動力，並不斷的從中學習和體驗，而建立單車環球的不同模式。

分時分段單車環球計畫，從二〇一一年的中國大陸北京展開序幕，在二〇一四年美國西雅圖結束。但這並不是落幕，因為我們又將從終點回到起點，開始第二屆的分時分段單車環球計畫。

2011~2014年「環球傳騎」騎士名單

2012年絲路中亞段

全程參與

顏政治 蘇素霞 廖木旺 陳清傳 林明賢 王維裕 余玉華
蔡寶蓮 潘麗娟 周佐翰 廖宏淋 姜俊瑋（領隊）

第1～2段

黃心侃 楊惠馨

第3段

羅仕東 吳貴霖 蔡舒博 張妤薇 林錫勳 呂嘉鴻 林淑惠 巫威震

2011年絲路中國段

全程參與

林淑惠 余玉華 顏政治 廖木旺
陳達人 羅仕東 羅家銘 鐘鳳英
王維裕 鄭秀雄

第1段

尹永清 林明賢

第2段

吳貴霖 吳鈺晟 呂嘉鴻 張維孝
洪家駿 蔣士英 蔣隆文 林錫勳

第2～3段

蔡國圳

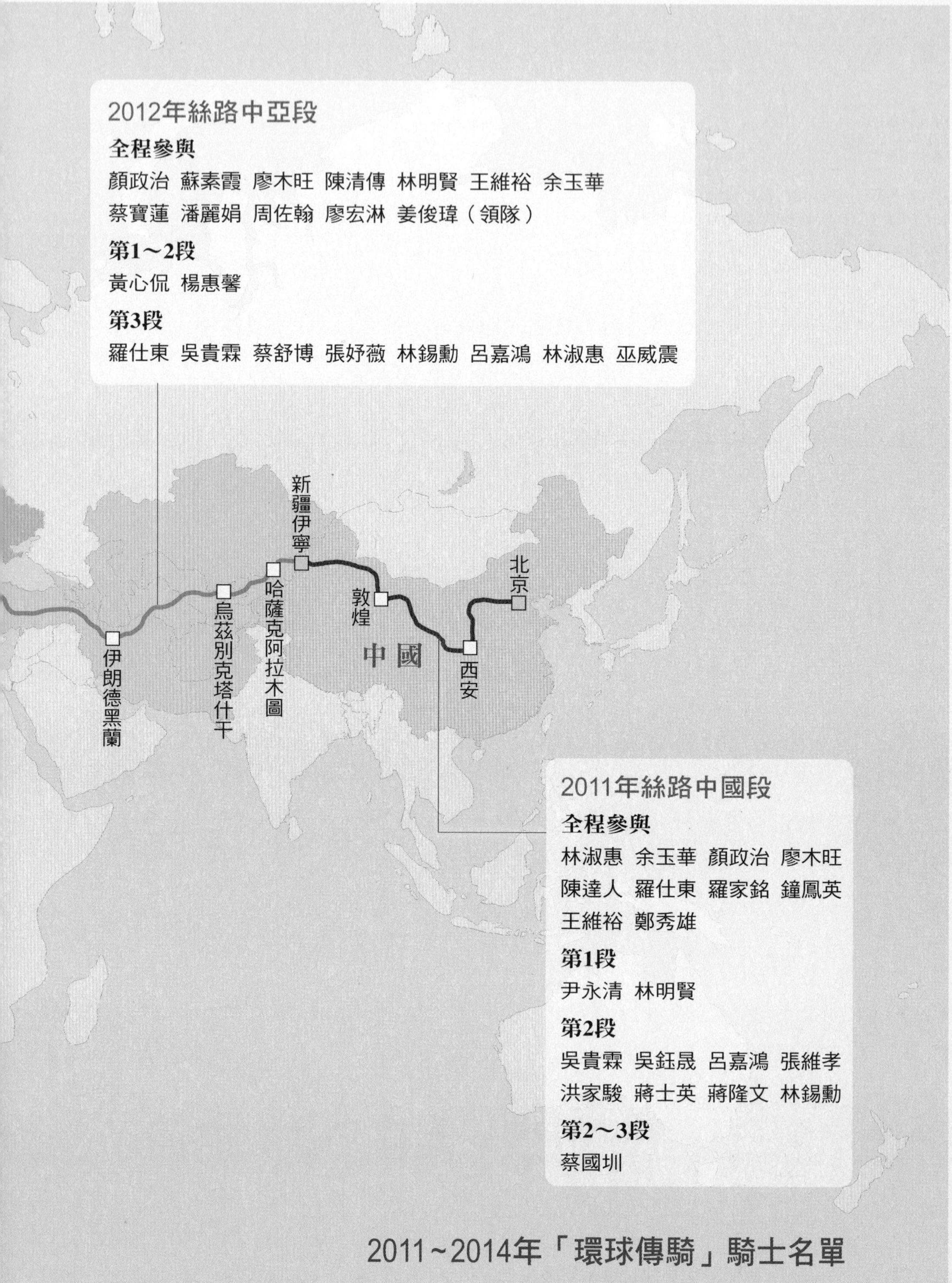

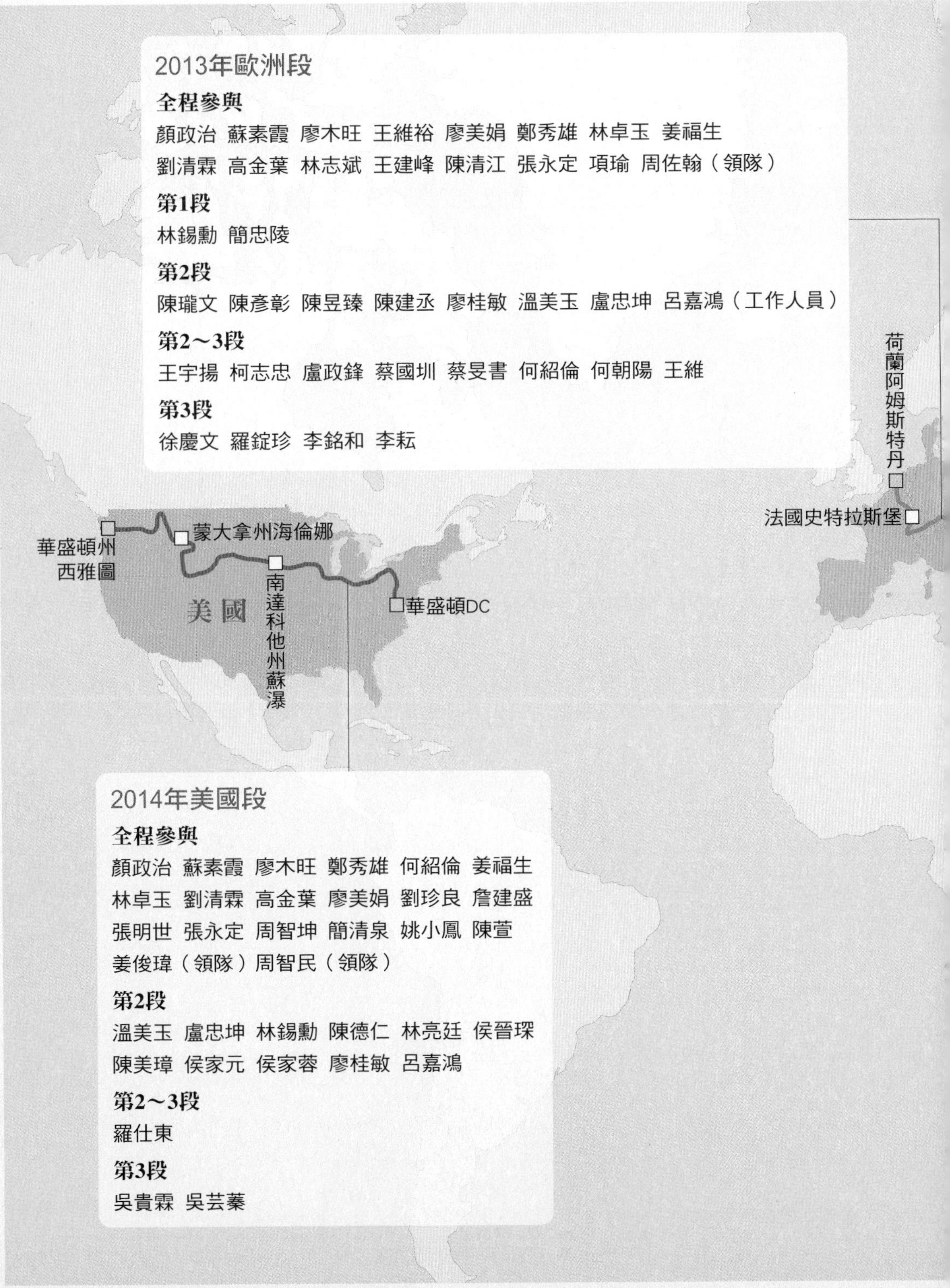

2013年歐洲段

全程參與

顏政治 蘇素霞 廖木旺 王維裕 廖美娟 鄭秀雄 林卓玉 姜福生
劉清霖 高金葉 林志斌 王建峰 陳清江 張永定 項瑜 周佐翰（領隊）

第1段

林錫勳 簡忠陵

第2段

陳瓏文 陳彥彰 陳昱臻 陳建丞 廖桂敏 溫美玉 盧忠坤 呂嘉鴻（工作人員）

第2～3段

王宇揚 柯志忠 盧政鋒 蔡國圳 蔡旻書 何紹倫 何朝陽 王維

第3段

徐慶文 羅錠珍 李銘和 李耘

2014年美國段

全程參與

顏政治 蘇素霞 廖木旺 鄭秀雄 何紹倫 姜福生
林卓玉 劉清霖 高金葉 廖美娟 劉珍良 詹建盛
張明世 張永定 周智坤 簡清泉 姚小鳳 陳萱
姜俊瑋（領隊）周智民（領隊）

第2段

溫美玉 盧忠坤 林錫勳 陳德仁 林亮廷 侯晉琛
陳美璋 侯家元 侯家蓉 廖桂敏 呂嘉鴻

第2～3段

羅仕東

第3段

吳貴霖 吳芸蓁

單車環球，你我都可以！

有一句話說，每一個人都是天生的旅人，沒有人是不喜歡旅行的；而環球旅行，很可能是人類夢想排行榜裡的第一名。世界之大，有多少未曾見過的風景？有多少難以想像的見聞？又將為生命帶來哪些衝擊與改變？……這些疑問唯有藉由旅行，方能得到各自不同的答案。

但環遊世界談何容易。大家總是說：等我有了錢，就要去環遊世界……如果沒有錢，也可以選擇艱辛、具挑戰性的方式完成遊遍世界的夢想，如徒步、騎自行車或摩托車、搭便車、換工（以工作換取食宿）……等方式，但這些方式不但

中國最低處吐魯番火焰山。

荷蘭花田（上）；世界最低處，約旦死海前的海平面碑（下）。

難度高，更需要動輒一兩年的時間，現代社會中，能夠花一兩年時間專心於環球旅行的人畢竟是極少數。

在過去，能夠完成「環球旅行」夢想的人，不是千萬富翁就是英雄，對絕大多數不是富翁也不是英雄的人來說，「環球旅行」就註定是一個可望不可即的夢想嗎？

不。

一九八四年，胡榮華以三年多時間完成四十國、四萬兩千六百八十六公里的單車環球壯舉，是臺灣單車環球第一人，當時深深啟發了許多年輕朋友的單車環球夢——包括我。但由於當初的時空背景，受限於沿途的環境、資源、安全、資訊等各方面條件，風險和難度較高，在種種限制與阻礙中，「單車環球」被歸類於高難度的挑戰活動，有夢想的人雖多，敢追夢的人少，一直後無來者。

十年之後，日本探險家河野兵市先生來臺訪問，他納悶不解地說：「以臺灣逐漸與日本相近的社會經濟能力，日本完成單車環球有紀錄的早已經超過一百多位了，為何臺灣完成單車環球的人，十年前只有胡榮華君，十年後還是只有胡榮華君？」

在此激勵下，我更加堅定了單車環球的信念與決心，開始積極準備。

單車旅行需要車輛的後勤支援。

一九九八年至一九九九年，我展開「騎向21新世紀——橫跨亞非歐美洲單車環球兩萬公里長征挑戰」，以四百天時間，騎經二十多個國家，完成環球一圈，成為臺灣第二位完成單車環球者。

之後，二〇〇二至二〇〇三年，「鐵馬家庭」黃進寶偕同妻子楊麗君、大兒子黃建家、小兒子黃琮富，以十三個月的時間，完成「鐵馬家庭環球行」。一九九八年至二〇〇一年，Vicky和Pinky也以分時、分區段的旅遊型態，帶著單車走過五大洲三十二個國家。十幾年後的今天，隨著地球村和網路資訊發達時代的來臨，單車環球的困難度也日益降低，從挑戰活動轉換成壯遊的型態，臺灣朋友開始進入逐夢踩天涯的新紀元。

中華單車文化協會自二〇一一年起，啟

動「環球傳騎」行程。其實環球旅行並沒有一定限制或規則，每個人可以有不同方式和路線。「環球」與「環遊世界」稍有不同，我的定義是「環球」就是繞行地球一圈。由於北半球的陸地面積較大，且連接較多，如歐亞大陸就連接在一起，因此大部分「環球」都以北半球為主；再者自行車主要在陸地上行動，路線方面會選擇較為便捷的跨海方式（如搭機），騎行或停駐小島、島嶼，會增加交通費用及時間，較不符合效益。在這些考量因素下，我將單車環球的行程分為四大段，分別為絲路中國段、絲路中亞段、歐洲段與美國段。

「壯遊」風險管理與注意事項

❶最容易的判斷標準是國家地區。只要發生不穩定的政治、社會、治安、動亂、烽火、疾疫和恐怖攻擊等情況，都會被列為旅遊風險警示的國家和地區。
❷國外的旅遊警示資訊，可查詢外交部領事事務局的國外旅遊警示分級表，依照警示等級，以顏色區分為四類，並有相關說明和發布日期。
❸從事壯遊活動，必然會時常接受大自然的考驗，因此心理上要明確地了解：這是挑戰，但不是在挑戰大自然，而是個人的體力與精神的極限挑戰。
❹出發前充分蒐集、閱讀相關資訊，了解當地的特殊禁忌或奇特法律，避免因無心之過而造成誤解和麻煩。
❺不妨學習幾句當地問候語，隨時問候，展現善意。
❻初與陌生人接觸交流、還無

鎮暴警察。

為避免過長的行程時間成為壯遊的主要阻礙因素，每日騎車里程約安排在四十至一百公里，其餘搭乘汽車快速移動，不但大幅縮短整體活動時間，也不需耗費太多時間在景色單調雷同、缺乏變化的環境中騎車，並能避開風險較高的路段。如此一來，每一大段行程僅需約四十天，又分三小段，每小段十幾天，參加者可依自身狀況彈性調整，選擇參加的時間和行程：可以連續四年參加四大段，一舉完成單車環球的夢想；也可以一年參加一小段，用十幾年乃至於一生的時間逐漸圓滿環球騎行之夢——「單車環球，是一輩子的事」。

法判斷對方有無歹意之前，就應保持高度警覺性，留意觀察對方是否有可疑的舉止，如果感覺不對或不想接觸，不要覺得不好意思，應直接婉拒。

❼ 在步行或參觀遊覽時，最好挑選人潮較多的路徑，盡量避免在入夜後或遊客稀少的時段出遊。

❽ 避免和陌生人在荒僻無人的地方共處。如果發現四下無人，就趕緊走到有人潮的地方，才能將未知的危險減至最低。

❾ 需要搭乘交通工具時，盡量選乘大眾運輸；如需要包車，最好能透過旅行社、旅館或租車行找車，盡可能掌握車子和司機的狀況。

❿ 臨時在路上找車時，以營業用的出租計程車為主，避免搭乘非營業的黑牌車。上車後記住車牌號碼，並看看有沒有營業執照，對照司機的相片和本人是否符合。

自然環境的風險。

「壯遊」不是年輕人的專利

這樣的行程，不但在臺灣是首創，在世界很可能也是唯一。從二〇一一年的絲路中國段、二〇一二年絲路中亞段、二〇一三年歐洲段至二〇一四年美國段，第一輪的「環球傳騎」計畫已經完成，也已有兩位騎士全程參加、完成單車環球壯舉；參加者年齡最小的是11歲的女孩，年齡最長的是76歲的阿公；有夫妻檔、親子檔、朋友檔，也有獨自報名參加者，而參加者的平均年齡在60歲以上。邁入熟齡社會時代，需要不同的生活規畫，開展生命的第二春甚至第三春並非不可能。

經過第一輪的實踐後，我們的信心更充足了，接下來將繼續逐年啟動第二輪、第三輪「環球傳騎」行程，不斷累積經驗值，規畫更完善的行程、更精彩的路線，讓「單車環球」不再是一個門檻極高的夢想，而是老幼皆能參與的全民運動。

如今，「單車」已經成為許多人喜愛的交通工具、運動方式與旅行方式，而我在二〇一一年開始推動「環球傳騎」活動，從當年單騎闖世界，到現在帶領許多老少朋友一起單車遊世界，這段心路歷程，可以說也是我的生命成長史。二十多年前的時空背景條件，和現在不可同日而

絲路——祁連山下的河西走廊。

語；當時資訊封閉，出國就如同面對一個未知世界，不知道世界長得什麼樣？那是所謂「大探險時代」，不像現在是「地球村時代」，拜網路發達之賜，很多資訊都可以在網上先查到，世界的樣貌不再是未知的、模糊的。臺灣畢竟是個小地方，早年我們從事「壯舉」，也多少有著想讓臺灣更被世界看見的使命感、目的性。

正因為這樣的使命感，當年我的單車環球，其實過程中並不是很享受的。天天在趕路，騎得很辛苦、痛苦，要努力去克服心理的種種反應和情緒。

後來，我成為父親、在體大進修運動與休閒研究所課程。二〇〇九年，我帶著6歲的女兒，和妻子一家三口單車騎中國絲路，那次依著女兒的速度定行程，結果發現——這樣更好玩！原來應該要這樣玩才

對！

研究所我學的是「體驗教育」，和女兒的絲路之旅，讓我對「長途單車旅行」有了新的體悟和看法：當年我騎環球，一天要騎一百多公里，每天是固定行程：早上出發，騎一小時休息一下，按表操課，拚速度、拚里程，不會常常停下來，也不喜歡停，景物過去就過去了；和女兒騎絲路，我們不趕路，每天騎幾公里無所謂，只要能騎到晚上住宿的地方就好，往往一天只騎四、五十公里，同樣一段路程，當年我只要騎一天，和女兒騎要騎兩、三天，雖然時間拉長了，但感受完全不同，這才發現——慢下來，很重要。速度慢下來，才會發現過程的豐富、有趣。至今我仍

絲路——黃土高原重重山路（上）。
絲路——進入善鄯前，風大時就在路旁避風（左）。

深深覺得，那趟一家三口單車絲路行，是很棒的旅程，和女兒一起學習、成長，體驗許多事物。

在那次體驗之後，我提出「壯遊」的概念：用不同的速度去體驗當地。投身單車運動二十多年，我不斷思索長途單車旅行的定義和形式，到後來，我對自己的定位漸漸從個人英雄式的締造紀錄，轉化為幫助更多人達成夢想。

成為寫下紀錄的英雄人物，那真的太辛苦，也太無趣了，其實並不適合大多數人，也不需要去追

求。過去單車環球是少數人才能完成的事，如今單車環球已不是少數人才能做的事，以前是「探險」，現在是「壯遊」——而且壯遊不是年輕人的專利，不管幾歲，只要你有這個夢想，都有機會圓夢。

綜談「海外單車壯遊」

「壯遊」一詞源自唐朝，意指「胸懷壯志的遊歷」，特別是經過規畫、以高度意志徹底執行的旅行，包含以下三個特質：

1.旅遊時間「長」。

2.行程挑戰性「高」。

3.與當地的人文、社會互動「深」。

「壯遊」不是流浪，它懷抱壯志，具有積極的教育意義。

「壯遊」與探險也不太相同。壯遊者不限於深入自然，更深入民間，用自己的筋骨去體驗世界之大。

許多朋友在時間、經濟、家庭等外在因素牽絆下，難以實現個人的壯

歐洲段騎行路上——休息時和沿路熱情的當地人家交流。

遊夢想；在自我實現和反思自己的壯遊歷程之後，我歸納出以下對「壯遊」新的詮釋：

1. 以考量自己的時間、能力和實力為主，不與壯遊前輩做比較，計畫屬於你自己的壯遊。
2. 只要能超越、突破自我的極限，就是一次壯遊。
3. 壯遊不是挑戰，或是要達到別人的標準和紀錄。
4. 不要迷失在數字的追逐裡（騎幾公里、騎幾天完成、騎多遠多快等）。
5. 以慢活的態度，慢騎、漫遊，深入體驗沿途的風土民情及風光。

世界何其大，想騎單車遊遍可不容易，因此要先從個人的經濟、旅費、假期、體力為考量，依自己的能力規畫出適合自己的單車海外行，再依旅行的路線、國家、時間、距離，準備相關的裝備及單車，才能踏出單車壯遊的第一步。

目前臺灣單車騎友的海外單車行，大致分為個人自助式與參加單車團體這兩種方式。個人式的單車行，一般天數與騎乘里程都較長，困難度也高，整個行程比一般的自助旅行需要更長的時間規畫準備、蒐集資訊、裝備整理和較強的體力訓練，並要學習基本的單車維修等技能，由於門檻較高，許多人只能夢想，難以實現。

對於無經驗、沒時間做事前功課及準備，但是又想圓單車壯遊夢的朋友，就可以先參加單車壯遊團隊。由主辦單位規畫、安排行程，串聯相關的服務資源，參加者只要具備基本的體力及騎乘技術訓練，不需要傷透腦筋，也不必準備太多裝備，就可以用單車慢行的方式深入造訪的國家。

風險管理的學習也是必要的。「趨吉避險」是旅行安全的基礎概念，但絕不是選擇了吉地就不會有風險，因為每個地區、國家都有黑暗的一面，所以路程中要懂得避免涉入險境。國家地區、自然環境、人為等不穩定外在因素都可能導致高風險情境的發生。要注意：沿途有哪些危險的地方不可涉足？主動前來接觸的陌生朋友是否有不良的企圖？都要提高警覺，仔細留意觀察，不要讓一時的浪漫氣氛或熱情沖昏了頭，謹記「小心才能駛得百年船」的明訓，才能保障壯遊路上的平安順利。

在個人健康管理及保險的問題上，大部分壯遊者對於安全都會比身體健康有更多的顧慮，主要是大家都覺得自己了解自己的健康狀況，往往就有些忽略了；但在異地壯遊時，在個人健康方面多少有著不同程度的風險，除了壯遊者本身的健康狀況之外，也

「壯遊」的健康管理

❶掌握沿途環境（包括海拔高度、緯度、地形等地理環境和氣候）的資料。
❷注意停留的時間與旅行的季節。
❸注意食物飲水的衛生。
❹盡可能了解當地的公共衛生和醫療資源的條件和情況。
❺注意傳染性疾病的疫情。
❻壯遊者本身行為模式要合乎健康準則。
❼對自身的健康狀況足夠了解。

清楚了解停留時間的長短與壯遊者的行為生活模式，就能判斷接觸感染源的可能性，以決定是否需要注射某些疫苗或如瘧疾的預防性投藥。

保險方面：歐洲、美國等地的醫療費用很高，我們在比利時遭遇意外時，一趟救護車一百八十歐元，送往醫院檢查、醫護及住院觀察一夜，費用共一千多歐元，因此行前一定要購買相關保險，包括旅遊平安險、傷害醫療、海外突發疾病健康保險、海外緊急救援費用保險等，相關保額也要加高，尤其在醫療理賠費用部分。

路上難免會有摔車情況，就需消毒、擦藥、包紮。

SPEED LIMIT
45
NO HUNTING OR SHOOTING
NO OFF ROAD DRIVING

騎進奇特地形、也是古生物學家挖掘
化石的尋寶地點——惡地國家公園。

會因為沿途許多環境的變化，如溫度、高度、溼度的改變，不同地區的飲食習慣、衛生條件等情況，會使人的抵抗力降低，導致健康受到危害。而旅途中的任何小病，都會造成不便甚至中斷行程。

因此出發前一定要了解旅行的健康相關風險，並預防由食物、飲水傳染的傳染病。

讓更多人完成單車環球夢

「環球傳騎」活動不但打破個人英雄式的迷思，還想打破「速度」、「數字」的迷思。如果要求速度，要快，又何必騎車？何

「環球傳騎」參加資格

❶「環球傳騎」壯遊為國外單車半自助行，適合具有國外自助旅行能力者。
❷此行程歸類屬於「健腳級」，適合體力能夠負荷日騎百公里以上，騎乘彎曲陡上下坡山路技術熟練者參加。由於有支援車搭配，所以只要單車騎乘技術熟練，沒有國外單車旅行經驗者亦可參加。
❸參加者須自備小輪徑變速單車、旅行或登山單車。
❹單車騎乘中必然會發生一些突發狀況，需要成員的合作、協助及互相照應，因此適合有團隊合作精神、樂意協助和付出者。

騎乘彎曲陡坡山路（上）；車輛的後勤支援（下）。

不開車或坐飛機？如果還是用汽車、飛機的思維來騎單車，其實大可不必。「環球傳騎」強調輕鬆地踩、不競速，想停就停，以深度體驗單車旅行的樂趣，競速型、能力強的朋友，完全可以自己走、自己去闖，不必參加這樣的活動。

「環球傳騎」由於有支援車，所以行程安排非常靈活，每天騎多少里程數沒有固定，可視每天不同的情形彈性調整。如果天氣好、風景好、順風、時間夠就會多騎，也可能騎上百公里；遇上天氣不好、逆風、高溫曝曬又無遮蔽物，風景也無甚可觀，大家騎得很辛苦了，就少騎。騎或不

在歐洲段騎行路上——就算天氣不好，也要騎上路。

騎（上車）通常由領隊決定，領隊會視風險高低、時間是否允許及大家的狀況來做決定。如果還有些彈性空間，會讓大家表達意見，讓車友們自行決定，尊重大多數的意願。

超過四十天的行程，在全臺灣乃至於全世界都是少見的，對主辦單位而言壓力自然也大；在一大段的四十幾天裡，每過十幾天會有一些人離開、又有一些新的人加入（每小段成員的變化），團隊不斷經歷重組，重新磨合、適應……但這也是學習過程，像練功；關於經營、帶領一個團隊，也是我們有興趣的主題。這也和探險、自我挑戰有關。

從奧地利進入德國南部巴伐利亞鄉間的單車路線。

每完成一次這樣的團隊活動，就是克服一次挑戰。經驗傳承更有意義，幫助更多人強化能力、達成夢想，比締造個人紀錄更好玩。

如今，「環球傳騎」四年四大段行程模式已經建立，大架構不變，之後每一段行程每年會做微調。我們花了很多時間、心力在規畫路線方面，加上豐富的經驗值，對於行程，我們掌控得很精準。

四年四大段行程，最大的特點就是環境、場域的不同，不同的國家，民族性、當地生活習慣、風土民情也有所差異；單純就騎車的難度而言，絲路中國段的難

度可能是最低的，第一語言通，第二在偏遠地區法令執行較不嚴厲，所以後勤支援車停車方便；但天候等自然條件的變化比較大。

中亞段就是簽證最傷腦筋，六個國家要進、出海關，還要入境隨俗，譬如到伊朗不能帶酒，女性頭髮不能露出來，騎車也要包頭巾。

歐洲的交通法令規定得很清楚，很多地方必須騎自行車道，不能騎一般馬路，而一來我們車隊人數較多，二來歐洲的路彎彎曲曲太多分岔，

騎進著名電影《大河戀》的拍攝地
——美國蒙大拿州利文斯頓。

很少有筆直大路，都是騎穿街走巷的小路，這在路線安排上格外困難、具挑戰性，只要一個路口錯了，後面都完了。最怕有人迷路，很多地方要去串，結果就是路線非常複雜，所以歐洲段事前詳細而清楚的路線規畫非常重要，加上領隊的GPS定位做輔助，再來就是團隊默契，隊員自發在每個路口輪流協助站崗。

四大段中美國段耗費的成本最高，因為里程數長、交通費用高。中國絲路段和美國段是看自然風情，歐洲段則是看精緻性、多樣性，全程騎經過十幾個國家，每個國家不太一樣。其實美國段亦然，每個州的文化也有所不同。

我愛長途單車旅行

四年來曾經參加「環球傳騎」活動的朋友超過百名，來自各個地區、不同的行業，年紀層的跨度也很大。曾參加歐洲段第二小段與美國段第二小段的伙伴、在小學任教的美玉老師曾如此分享她的單車旅行感受：「騎單車不為鍛鍊身體與競技，單純就是想讓旅行的速度放慢，讓景觀直入眼簾，讓外在或沁涼或躁熱的空氣打開我的五臟六腑。除此，單車

車友溫美玉。

旅行極其耗力，一步一踩，一步一踏，未達終點無法停歇……老實說，有時達到『夭壽累』等級，但我知道，身體的痛楚會慢慢平復，腦子裡卻會留下當時的溫度、氣味、氛圍、景觀，還有和隊友們相互加油、打氣扶持的感動。一整天下來，身體呈現最巔峰的疲累，再也無法分神思考時，正好讓心神達到最徹底的放鬆，對於尋常用腦過度的我，每晚筋疲力竭、全身耗盡氣力，倒頭就能沉沉睡去，簡直是奢侈又華美的大禮。受盡折磨、夜夜好眠，就是單車旅行浪漫苦行的禮物之一，更叫人上癮的還有苦行中所有的驚奇與驚喜，混合而成單車旅行的迷人！

「同團朋友說得好：『住美國時，我也曾經和家人開車來過這裡，隔著車

窗，我也驚豔，卻感受不到心靈的悸動。如今騎車再走一遭，雖然辛苦，我卻真正領略了造物主的神奇偉大……』騎車旅行是辛苦的，吃也吃不好，違反一般旅行的原則，又極度考驗體力與意志力，為什麼有些人依然堅持、依然熱愛？這就是答案之一。

「原來，世界之所以奇妙，就在於沒有一處『一模一樣』，尤其單車騎行，往往些微的差異都能被發現，因為慢，因為路是在車輪下一寸寸輾過，更因為騎車時，我們的身心靈總是處在最為敏銳的狀態。」

曾參加過絲路中國段、中亞段第二小段、美國二～三小段，前籃球教練羅仕東大哥從二〇〇〇年開始騎車，出國騎車經歷豐富，他說：「騎單車的好處很多，它是一種很好的健身運動。我以前打籃球受過很多傷，膝蓋開過兩次刀，而騎車對膝蓋並沒有太大的影響。騎車前我的體重較重，有三高，血壓也高，三酸甘油脂、膽固醇都高，騎車兩年之後，整個降下來，包括心跳，三高全沒了，體重也降了八公斤到現在的六十七公斤，受益匪淺；騎車還

車友羅仕東。

車友蘇素霞。

有另一個好處，因為我喜歡自助旅行，自助旅行和單車結合起來非常棒，大街小巷、走街串巷，可以更深入探索一個地方，是和跟團旅行、搭車旅行或坐火車旅行都不一樣的。除此之外，因為我喜歡喝咖啡、吃美食，騎單車非常有利於滿足我這兩個嗜好，一路慢慢問、慢慢找。」

今年70歲的素霞阿姨則說：「騎車對身體健康很有益處，這是真的，像我如果血液循環或哪裡有異樣，出去騎車一趟回來就好了，新陳代謝排出去了。還有身材會變苗條，肚子會縮減掉，肌肉會變結實，皮膚也會變得比較有彈性，模樣會愈來愈年輕、少年ㄟ面起來。以前我的臉形不是現在這樣的，是比較膨膨、圓的，現在變結實了。我每一次騎車回來，朋友看了我都說：『妳怎麼每次回來都變得更年輕了？』一次比一次年輕。臉形、身材、肌肉都變少年，這是我真實的經驗。所以為什麼我也喜歡跟著先生去騎車？要養生也要運動。」

全世界10條最美的單車道

二〇一二年CNN旗下生活旅遊網站CNNGO，評選出全球10條最美的自行車道：

◆中國—巴基斯坦：喀喇崑崙公路

◆荷蘭—阿姆斯特丹：10號自行車道

◆臺灣—南投縣：日月潭環湖自行車道

◆法國—勃根地：頂級葡萄酒之路

◆紐西蘭—基督城：墨爾斯沃斯公路

◆澳洲—維多利亞省：大洋路

◆印度—拉賈斯坦省：烏代浦市

◆加拿大—魁北克：北方小火車直線公園

◆美國—加拿大：大分水嶺自行車路線

◆美國—愛達荷州—蒙大拿州：海亞華沙自行車道

全世界10條最美的單車道之一——中巴公路。

全世界10條最美的單車道之一——
美國愛達荷州的海亞華沙。2014年
我們騎經時正遇下雨低溫天氣。

印度烏代浦市。

荷蘭阿姆斯特丹10號自行車道。

Part II

絲路中國段

中國，世界四大文明古國之一，深邃悠久的東方文化，孔孟哲學、老莊思想，由佛教而衍生的燦爛多彩藝術文化表現……在在影響著世界。八朝帝都北京，古老的長城、紫禁城、十三陵與現代的鳥巢、水立方共治一城。它，是中國的代名詞。

蒙古草原，曾經孕育「一代天驕」成吉思汗的游牧場，昔日鐵蹄遠征的帝國霸業，今日的草原新貌與常民生活，「風吹草低見牛羊」如詩般景象安在否？

千年之前，來往於中國、中亞、東南亞、歐洲之間的商貿道路——絲綢之路，牽動東西方文明的激盪、交流，引領不同文明世界人們物質與精神層面的升級與再生。

詩詞中的長安城、十三朝古都西安，古絲路上的文化、商貿中心。兵馬俑、華清

池、大雁塔、華山……朝禮西安，朝禮文化根源，歷史來處。

河西走廊，無聲含藏著千年來絲路上的無盡故事……「羌笛何須怨楊柳？春風不度玉風關」。千年之後，月落星移，時空流轉，河西走廊的荒涼大地上仍屹立著古長城，還有那八百里長灘瀚海的滾滾黃沙。

敦煌，西域的一顆璀燦明珠。曾經，東往西來的商旅駝隊，帶動了藝術文化的發展，舉世聞名的莫高窟、西千佛洞，是佛教藝術文化最生動的學習殿堂；陽關、玉門關及獨特的雅丹地質，吸引無數訪客。

吐魯番、火焰山、天山、賽里木湖……新疆，一片陌生而美麗的熱土，濃郁的西域風土，美麗的維吾爾姑娘，也許那正是夢裡的地方……

「環球傳騎」壯遊首部曲：

絲路中國段──北京至新疆

日期：2011年7月23日～8月25日（共35天）

內容：橫越中國大陸6300公里，從北京出發，終點為新疆／哈薩克邊界的霍爾果斯口岸

本大段行程又分為三小段：

1. 北京─西安
2. 階段西安─敦煌
3. 階段敦煌─新疆伊寧

此次活動全程參與者10人，小段行程11人。參加者年齡層從41歲至70歲，堪稱「單車環球壯遊不老騎士隊」。

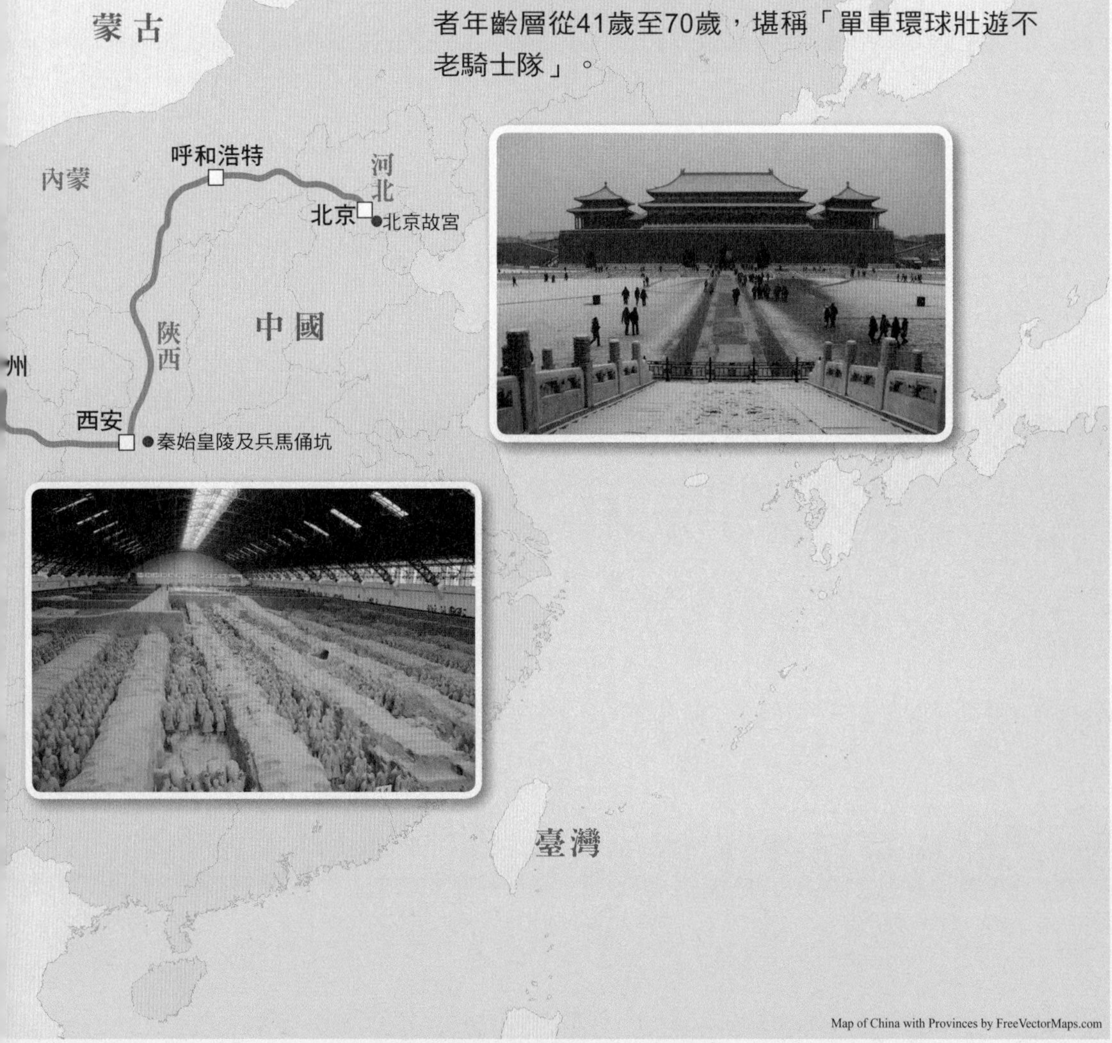

Map of China with Provinces by FreeVectorMaps.com

新疆伊寧
新疆天山
烏魯木齊
新疆
青海
敦煌
莫高窟
長

抗癌騎士——顏政治，伉儷鐵馬行

政治大哥是大家口中的「顏博士」，他從二〇一一年起連續四年參加「環球傳騎」壯遊，和「班長」木旺同是最先完成單車環球夢想的騎士。

政治兄生於一九四五年，妻子素霞姐小他一歲，他們兩夫妻一起騎行過絲路中亞段、歐洲和美國段。騎行途中兩人常常碎碎念、打嘴鼓，逛街時兩個人卻是手牽著手……這對年近七十歲的夫妻檔讓很多車友都難忘。

政治還有一個稱號是「抗癌騎士」，他有一句名言：「騎車，是為了活下去。」

車友劉清霖曾說起和政治的相識：「認識政治是二〇一〇年我們一起騎車從福州到北京，有一天晚上我和他同房，他對我說的第一句話是：『我很笨，過去幾十年為了生活、為了拚事業，把所有精力和時間都投入工作中，雖然去過很多國家出差，但都沒有玩、沒有旅遊，只有在工作。』」

二〇〇八年，他被診斷罹患大腸癌第三期，立即放手事業轉做顧問。

顏政治伉儷。

大腸癌第三期的五年存活率只有42％，經過手術和化療後，他心想：「想做卻還沒做的事要趕快去做。」很多人說，當一個臺灣人要做三件事：登玉山、泳渡日月潭、單車環島。年輕時就喜歡爬山、游泳的他，玉山爬了十幾次，日月潭游了十幾年，從第二屆就開始和太太一起參加，剩下的就是騎車環島。

大腸癌手術之後，他跟妻子說：「老婆，我想騎車。」妻子說：「好啊，你去騎。」他找到黃進寶，跟著環島。騎完回來他說：「老婆，你也應該去騎車環島。帶孫子去。」那時孫子才小學四年級，奶奶真的帶著他去騎車環島。

經歷過兩次單車環島，二〇一〇年他還參加了從福州騎到北京的兩千五百公里長征。回想剛騎車的日子，樂觀開朗

的他笑著說：「最辛苦的不是化療後的身體虛弱，而是手術之後我根本無法長時間坐在自行車的小座椅上……還經常會拉肚子。」每回騎上路不久，他就開始找廁所，雖然痛苦，但他始終不放棄。

騎完福州到北京，不但大開眼界，也認識了一群好朋友。回來他也力勸妻子去騎，因為要花很多錢，加上也不知道自己有沒有這個能力，所以妻子原本說不去，他覺得不去太可惜了，說了好幾次，都說不去，後來他要大兒子勸媽媽，大兒子個性耿直，他跟媽媽說：「媽媽，爸爸叫妳騎車去北京妳不去啊？妳是不是要等到不能走路了，到時我再用輪椅推妳去？」……後來她才同意了。

從此之後，夫妻倆一起騎車旅行，彌補了年輕時的遺憾：過去幾十年丈夫忙於工作，全世界到處跑，很少待在家裡，隨時要出差就走了，妻子常常都是最後被通知的那個人。素霞說：「我常說，這個老公，出去就當做丟掉了，回家就是撿回來了。」早年夫妻倆相處的時間非常少，丈夫罹患大腸癌之後，才有了很多相處機會。其實騎

絲路中國段單車騎行注意事項

❶中國大陸目前的駕駛交通習慣與路權觀念，還是以車為大，行人路權極低，相對也造成行人與車輛都不遵守交通規則、滿街行人與車輛亂竄爭道的現象，因此行人在橫越馬路時，必須眼明手快，大家八仙過海、各憑本事，初期不習慣者，最好跟在當地人旁邊，仗著人多勢眾快速穿越馬路。

騎車過程中，汽車的喇叭聲將如影隨形。

車旅行很辛苦，但素霞很珍惜可以和丈夫一起旅行的機會，「不管你去哪裡，我都要跟到底。」「謝謝你帶我出來玩。」

這一騎就停不下來，從二〇一一年起，政治參與「環球傳騎」行程，他說：「我要向上帝再借四年時間，完成單車環球的夢想。」

四年時間好快就過了，完成四大段，他說：「每一段各有特色，但我印象最深刻的還是中國段，主要是經過的地方大部分都是以前讀地理時念到過的，從八達嶺長城開騎，內蒙古、包頭、西安、蘭州、青海、河西走廊、嘉峪關、敦煌、吐魯番、烏魯木齊、賽里木湖……有太多回憶和故事。」「騎車旅行，一路上可以交到很多朋友，也看到了世界各地不同的風光和人文，這種經歷比平常的旅遊更深入、更豐富。」

當年他因大腸癌住院時，同病房有另外四位病友，一年告別一個，目前他是碩果僅存的一位。這位七十歲的「抗癌騎士」總是很熱心地幫助隊友、關心所有人，開朗熱情

❷由於許多駕駛以車為大，沒有喇叭聲就不會開車，所以要有一個心理準備：騎車過程中，汽車的喇叭聲將如影隨形。當聽到由後而來的喇叭聲時，最好立刻靠邊騎行，將車道讓給汽車。

❸因生活道德習慣不同，公路外側路邊常會出現雜物、金屬和酒瓶的玻璃碎片等，沿途騎行要特別留意，以防刺破輪胎。

❹盡量避免因體力透支、過度勞累或分心，導致單車失控、造成意外。

公路外側路邊常會出現雜物、金屬和酒瓶的玻璃碎片等，騎車時要多留意。

的性格贏得大家的一致敬重，而他大腸癌三期照樣騎車環球的勇氣和事蹟，也成為鼓勵許多人的實例。「人生七十才開始，如果可以，只要能動，我會一直騎下去。」——這是政治兄的另一句名言。

內蒙運煤車堵車奇觀

二〇一一年絲路中國段行程，進入內蒙古時，導遊告訴我們，內蒙古在這幾年有一個成語可以形容：終於「揚眉吐氣」了——「揚」就是羊的相關製品如羊毛、羊肉等；「眉」是煤礦；「吐」是稀土；「氣」是天然氣。因為發現這些礦藏，在經濟掛帥的大旗下，內蒙政府近幾年來大肆開發，雖然帶來經濟財富，但也帶來整體環境的莫大衝擊和破壞。

從呼和浩特到包頭，除了高速公路就只有一一〇國道，我們在距離包頭八十多公里的土默特左旗西開始騎行。剛出鎮區，往東行的對向車道上，一路不間斷停滿一輛接一輛運煤大貨車，偶爾才開動一下，向前移動一些距離，讓人想起先前看過的新聞：「內蒙到北京高速公路塞車一個星期」，如今目睹這樣的塞車景象，心裡慶幸著：還好我們是往西行，車輛不多，還可通行。

呼和浩特往包頭的110國道。

但好景不常，騎了三十多公里後，往西行的車道也已堵塞，無法前進。雖然單車可以穿梭在車陣中，但是我們的巴士和貨車堵在路上動彈不得。

堵車在一一〇國道已經是常態，許多司機就這樣非常認命地一路開開停停，將煤運往河北或北京，也不知道要幾天之後才能抵達目的地，而吃、喝、睡就在車上解決，也因此為當地老百姓創造了許多經濟效益，不時看到當地人或走或騎車地叫賣著盒飯、方便麵、飲料等，還真是無奈又有趣的畫面。

好不容易塞車的車陣開始移動，支援車就一路追趕單車隊，但東行往河北方向的車道還是停滿動也不

見識到傳說中的「世界上最長的停車場」難得奇觀和體驗。

動的運煤大貨車長龍，而西行車道雖然可通行，但只要遇到不守規則、逆向而行的貨車，就會車頭對車頭地被堵住，一路只能過關斬將，走一步算一步。

雖然騎單車可以鑽縫隙，但這麼騎了一路，到了休息的地方脫下眼鏡，大家摘下墨鏡、頭套，所有人都是眼睛兩個圈圈，整張臉都是黑的，黑到什麼程度？用手一摸像油墨一樣，地上的煤灰有好幾公分厚。

那天我坐在支援車上，心裡很焦急，一心想如何脫困。看到旁邊有一條小路，有些小車就開過去了，有些司機說那條路不通，但開去的那些小車也沒見開回來，我們的車是中巴和貨車，不好迴轉，不敢貿然行事。剛好那天車上有一輛自行車，我就騎車去探路。真的讓我繞出去了，打電話給司機，約在某個路口會合。那條路都是煤灰、泥巴，那天又下雨，搞得灰頭土臉像在戰場上似的。好不容易脫困，殺出重圍和車隊會合，他們騎車的等我們兩輛支援車等了近兩小時，有的跑去附近澡堂洗澡，有的去吃東西……都弄完了我們車子還沒到。以後中國段絕對不走內蒙這一段，太可怕了。

車友羅仕東說：「那是很奇特的經驗，之前我就看過報導，『全世界最大的停車場在中國』，就是內蒙這段運煤路段，綿延一百公里，都是

小心拍照

近年來中國大陸國內旅遊風盛行，旅遊人口數倍數增長，國內遊客大量湧入各個知名景區，絡繹不絕的遊客走到哪、拍到哪，產生許多衝擊及環境污染，雖然帶來不少觀光收益，但獲利者始終只是旅遊景區或相關旅遊業者，對於當地的老百姓一點好處都沒有。

因此在知名及熱門的旅遊地區，尤其中國西部，當地老百姓也學會了賺錢的方法，開始向拍照遊客收取一些費用。有時旅行到一處風景優美的花田、草原或景觀點，大家忙不迭拿出相機拍照留念，盡興拍完照後，就會有當地居民出現說：你拍到了他家的花田或草原或羊群或犛牛……，要向你收費，如果你不願意付錢，他會指給你看旁邊不明顯處有寫著「拍照多少錢」的牌子，如果你還不給，可能就會叫更多人出來圍著你要錢，這時只能乖乖付錢了事。

拍照索費數額不定。我曾遇過有旅客只拍了一群犛牛，就被牧牛小姑娘攔車要錢，一人五十元人民幣，一輛汽車兩百元人民幣。

祁連山下的河西走廊谷地，一望無際鋪滿黃色和綠色的油麻菜拼布地毯。

紅色的運煤車，雙截的，一條長得看不到盡頭的紅龍。他們司機討生活也不容易，在那裡一堵有時不知道會堵多久，一個禮拜、兩個禮拜都有可能，如果準備得不夠、又碰上冬天，是會出問題的，天氣不好時就可能有司機罹難，因為塞車的路段有些是荒郊野外，到了晚上氣溫很低，可能被凍死。另外吃也是一個問題，雖然有些小販會在路旁兜售吃的，但一百公里是一段很長的距離，不可能一路都有賣吃的，沒得吃或吃得少也會造成體力下降。」堵車無奈，也容易火氣大，「我看到有的司機在路邊打牌，還有打架的，兩個人在打架，旁邊十幾個圍觀的。」

在停滿運煤大貨車的一一〇國道上騎單車，只能穿梭在車與車的縫隙中，有如誤入車陣的小白兔般，穿越迷林之中。在土默特右旗，隊員終於和殺出重圍的支援車會合後，大伙趕緊上車，走不會堵車的高速公路到包頭。當天也見識到傳說中「世界上最長的停車場」的難得奇觀。

絲路美食，舌尖美味

騎行中國，除了在戈壁大漠中會面臨沒水、沒食物的困境，只要踏進絲路的綠洲城鎮裡，飲食就不虞匱乏。三一二國道公路旁有一些中國或

商業廟文化——給不給香油錢？

在中國大陸的熱門旅遊線上，許多廟宇古蹟也成為參觀重點，一般遊客總是抱持著「到此一遊」的心態，看看宗教古蹟景點、增廣見聞；而有宗教信仰的遊客在參觀之餘，有時也會順便燒香拜佛一番。

觀光客的錢比較好賺，在部分旅遊業發達的地區，有些廟宇也開始以商業手法經營，讓遊客能多供奉些香油錢，形成了獨特的「商業廟文化」。

❶廟裡一般有自己的導遊（不是僧侶），會義務帶領遊客參觀解說。

❷在參觀解說結束前，導遊會稱讚大家很有福氣，因為有地位崇高的活佛或高僧剛好這幾天來到廟中，為信徒祈福辦法會，為期不過短短幾天，這機會非常難得（可是每次去都剛好遇上活佛、高僧），大家不應錯過，可順便參拜，不一定要給香油錢。

❸接著導遊就帶著遊客到活佛的房間裡，接受活佛灌頂、開導或算命等等。

❹參拜完活佛後，有些活佛會給有顏色的絲帶，一出房門，就有專人或導遊依照絲帶顏色，帶領遊客去購買香燭、點燈等等。

❺燒香依照大小尺寸不同費用也不同。點燈費用以一盞為單位計費，往往需要點十幾盞以上，費用從幾十元到幾百元不等。

「商業廟文化」的運作方式大致步驟如上，購買香燭及點燈的手法就各廟有所不同。給不給香油錢？請自行判斷、評估。

中國大陸有許多廟宇。

清真餐館，供過往旅客填飽五臟廟，而這些餐館內最簡便實惠的就是麵食，麵食是西北人最喜愛的主食，喜歡吃麵食的人正可以趁機大快朵頤一番。

中國西北堪稱麵食者的天堂，到了甘肅的省會——蘭州，除了可品嘗正統的蘭州拉麵外，還有蘭州的臊子麵、漿水麵、釀皮子、豬髒麵；甘肅第二大城市——天水的美食有肉夾饃、漿水麵、釀皮子；另外，武威的麵皮子，張掖的搓魚子、貓耳子、炒炮，敦煌的驢肉黃麵、沙鍋麵都值得品嘗。

甘肅的美食以肉類與山珍野味為主要食材，烹煮方式以鮮美、湯清、鹹、酸、辣、濃郁口味為特色，名菜如蜜汁百合、紅燜駝掌、蟲草雪雞、荷花羊肚都深受老饕的喜愛；而知名的「隴原三絕系列宴」是以隴西火腿臘肉、隴西金錢肉、隴西臘羊肉為主要食材烹飪而成；「羊十道」是用羊不同部位的肉做成一桌宴席，有十道菜、十種花樣、十種風味，所以叫「羊十道」。

在中國各大小城市都可以看到「蘭州拉麵」餐館，臺北也有。牛肉拉麵是蘭州最知名、最具特色的麵食，相傳是清末光緒年間一個名叫馬保子的回民廚師所創製的麵食。蘭州清湯牛肉麵有「一清、二白、三紅、

獨特的滋味——驢肉黃麵。

四綠、五黃」五大特點，一清是指色清氣香的牛肉湯，二白是潔白乾淨的蘿蔔片，三紅是漂浮著鮮紅的辣椒油，四綠是新鮮翠綠的香菜、蒜苗，五黃是柔滑透黃的麵條，再加入香醋調味，更能突顯出牛肉麵酸辣清香的滋味。

除了吃拉麵，如果還能欣賞到拉麵師傅在搓拉之間有如變戲法般地拉繞出一碗細長的麵條，更是令人大開眼界、值回票價。拉麵師傅的手法嫻熟而神奇，只見一大團麵團在他手中反覆搗、揉、抻、拉、摔、摜後，就變成一條條「麵節」，一個「麵節」正好可以拉一大碗麵，每拉一下要再回轉一次，最後拉麵師傅雙手再上下抖動幾次，就如魔術般地把「麵節」變成柔韌綿長、粗細均勻的麵條了。

喜歡圓麵條的人，有粗、二細、三細、

絲路特色美食——烤羊肉串。

細、毛細等五種款式可以選擇；喜歡吃扁麵的，有大寬、寬、韭葉三種款式可選擇。

「臊子麵」傳說是從唐朝的「長壽麵」演化而來，用豬肉、黃花、木耳、雞蛋、豆腐、蒜苗及各種調料做成臊子醬，再淋在手工擀成的細長麵條上，整碗麵湯多麵少，湯味酸辣，臊子鮮香，麵條嚼勁十足。

「漿水麵」是以漿水做湯汁的一種麵條，流行於蘭州、天水、定西、臨夏等地，而以蘭州的最為講究。漿水麵的漿水是將芹菜、白菜、蓮花菜等煮熟、投入麵湯中，加上漿水酵子，盛入缸內發酵三天，製成清酸可口的漿水。食用時，先將手工擀製的長麵條煮熟後浸過涼開水、盛入碗內，澆上油蔥花、花椒水等調味，再淋上漿水，就是一碗消暑美味的漿水麵。

「釀皮子」是一種用麵粉蒸熟後晾涼成型的涼食佳品，在甘肅各地均有，而以蘭州所產的味道最好。將切成細條的釀皮子配上涼粉絲、麵筋，再加入香醋、蒜汁、芥末、麻醬汁、醬油、精鹽與辣椒油，味道酸辣清涼，軟韌筋柔。燥熱的夏天來一碗「釀皮子」，正是一道解熱清暑的佳肴。

絲路盛產的葡萄。

甘肅的地方風味小吃還有醃驢肉、鹹牛肉、鹵煮肉、一顆印、滿天星、韭菜包子、豬肉及羊肉小籠包子、蕎粉、波粉、粉魚兒、麻腐角兒、糖油糕、豆腐腦兒、蓮花豆、蓧麥甜醅、糯米、醪糟、餄餎面等；蘭州有百歲雞、汪川手抓羊肉、金魚髮菜、高三醬肉、醪糟雞蛋等；天水有呱呱、涼粉；武威有麵皮子、滿族餑餑、青粉、黃粉、沙米粉、醪糟雞蛋；張掖有雞腸子、燒殼子、桃娃子、油糕、雞肉墊卷子、山丹油果子……哇，說得要流口水了！

當然，絲路上最令人垂涎欲滴、必得大快朵頤一番的就是水果啦！絲路旅遊線素有「瓜果之鄉」美譽，來這裡旅遊絕對不可錯過種類豐富、甜美好吃的瓜果。沿線地區出產的有蘭州軟兒梨、蘭州冬果梨、鮮桃、白蘭瓜、黃河蜜瓜、麻皮醉瓜、籽瓜及瓜子、山丹旱地瓜，以及敦煌的葡萄、李廣杏，紅棗等，只要來對了季節，包你吃得開心，吃得過癮，回味無窮。

成堆的哈密瓜。

戈壁曠野的挑戰

進入河西走廊，沿途景物、風土已異於中原景象，更與南方不同，除了沙漠，可能要數那光禿禿、黃灰土色的戈壁灘最讓人印象深刻了。戈壁灘的景色單調，又無綠樹遮蔭，加上乾燥炎熱的氣候，對單車騎士可以說是體力與意志的挑戰。

從張掖到酒泉的這段三一二國道，沿途經過臨澤、南華、元山子、清水鎮、下河清等鄉鎮，路況還不錯。我們騎行了七十多公里路程，體驗戈壁灘的自然環境，然後搭車到嘉峪關。

從嘉峪關西行出關，進入更遼闊的戈壁曠野區域，經玉門市、瓜州到敦煌。途中在南岔收費站旁的哈蜜瓜攤，大伙大啖甜美的哈密瓜，接著迎接一路戈壁曠野的挑戰。好景不常，才騎十多公里，浩瀚的戈壁灘上慢慢颳起不停歇的強風，在毫無遮擋的曠野之間橫掃，更掃興的是風向吹的是正逆風，原本流暢的騎速從二十多公里慢慢地降到十多公里。為避開逆風的風阻，大伙自然騎聚在一起，掙扎著慢騎在逆風的曠野間，賣力死命地踩著踏板……兩個多小時後只前進不到三十公里。陳萱就曾說：「我最討厭騎戈壁了！」

戈壁灘上只有橋下可乘涼。

離開明長城最西端的嘉峪關，戈壁曠野更荒涼。

永遠的班長——廖木旺

自金融界退休、今年62歲的木旺兄，自二〇一一年起連續四年參加「環球傳騎」，和政治兄同為最先完成單車環球夢的兩位騎士。由於資歷深、樂於主動協助伙伴的個性，讓他贏得「班長」稱號。

出生於西螺二崙的他，自小家境貧窮，小學畢業就到高雄做水電工，當學徒，只供一天三餐，沒有薪水。上進的他心想：難道一輩子就這樣？後來透過親友介紹，到臺北的會計事務所當小弟，工作是倒茶、擦桌子，回憶那段日子，他曾說：「在會計事務所當小弟時，我想盡辦法想學習，辦公室裡他們影印的廢紙我都拿來看、拿來研究。」白天當小弟，晚上他去上補校，這樣慢慢完成了初中、高中學業。後來考上淡江大學商學科系，之後考進臺灣企銀。

數十年在銀行工作，退休之前沒有太多自由的時間，而且「年輕時也沒有錢，又有孩子要教養，不敢想去海外旅遊，環遊世界的夢想也不敢想。」廖木旺很早就決定55歲要退休，然後去做自己以前想做卻沒有機會做的事，去完成自己的夢想。55歲時，他真的辦理退休，主管對於他這麼早要退休很訝異，「55歲還是壯年啊！你這麼早就退休……退休後

班長廖木旺。

你要做什麼？怎麼安排生活？」他向主管報告，「退休後我第一年的計畫是騎車環島、登玉山、泳渡日月潭。」主管說：「這第一年的計畫是ＯＫ，可是你還有第二年、第三年，乃至於第十年、第二十年……你怎麼過呢？」

他還是毅然決然退休了。

「退休的第一年，我就帶著兒子騎車環島，第一次出發不太順利，上路不久就爆胎了，補了再騎，還是不行，表示我的補胎技術有問題，我就回頭了。第二次出發時是農曆七月，我姐姐說：鬼月出門做什麼？我想，好吧，不要犯忌諱。忍了一週實在忍不住了，因為我的計畫已經是箭在弦上，這一次我誰也沒告訴，跟兒子說：兒子，我們走吧！就上路了。」那年正是兒子要上高中前的暑假。

這是第一次騎車環島，父子倆經歷許多挑戰，最後完成了。之後他也完成了登玉山、泳渡日月潭的計畫。接下來呢？「我就打聽有什麼活動是可以到處去走走、看看的？二〇一〇年因緣際會參加了黃進寶先生從福州騎車到北京的活動，之後又參加了三十一天臺北到北京的騎行活動……」那時他就聽說有「單車環球」的計畫，很心動，一直很期待環球之旅，後來他從其他車友那裡得知我有單車環球的活動，就聯繫我，二〇一一年開始參加「環球傳騎」。

這四年行程留下許多照片，還有許多難忘的回憶：「到了新疆，一路上吃了好多水蜜桃、葡萄，比這一輩子吃得都多，便宜又好吃，葡萄真的超甜！」

「塞里木湖太美了，藍天白雲鳥飛，牛羊馬群彩霞……簡直就是夢中的美景。我們沿湖騎了半圈，真的好美。」「我們在吉爾吉斯湖邊住蒙古包、吃當地料理。那天很冷，接近零下了……」騎經美國黃石國家公園時，「我看到一隻小熊，國家公園的警察剛好過來，對牠拍拍手，把牠趕走，牠就走了……」「美國就是很大，路就是那麼長，看不到邊際，路兩邊沒有樹也沒有遮蔽物，整條路又不能隨便停車。這樣的路騎起來感覺不錯，但就是找不到地方休息，頭上就是太陽，找不到地方遮蔽。我真的佩服守忠，騎美國這一段不容易，假如沒有支援車，恐怕我會打退堂鼓。」

現在不時會企畫個人行程到國外騎車的木旺說：「騎車可以強身，還可周遊列國，我很喜歡。」在61歲時完成「環球傳騎」壯舉，「這對自己是一個挑戰，也是送給自己最棒的一件禮物。」

「我們這個團隊很棒，包括主辦單位和車友伙伴們。有些伙伴是一起共患難了好幾年的，彼此之間感情很好；也有新加入的伙伴，大家也相處得很好，騎車的人心胸都很開朗。希望我們能一直騎下去，騎到不能騎為止，騎到大家都上天堂了還可以接著騎……」這麼說著時，雖然已年過六十，但木旺兄的神情還有如少年一般，單純、熱情、快樂。

內蒙草原換新顏

從宣化一路西行，經張家口之後就離開河北進入了內蒙古自治區，體驗蒙古草原風情，登上海拔兩千公尺的輝騰希勒草原臺地。草原和發電風車搭配出一幅不協調的畫面，讓人對內蒙草原有些失望。聽說近幾年來草原的降雨量逐年降低，當地人都認為是每天轉動不停的發電風車把雲給吹散了，雨量也就變得稀少了；而草原上原本星羅棋布的九十九個小海子，大部分也都已乾涸，只剩下一個個草窪地。

沿著車流量較稀少的縣道離開輝騰希勒草原，一路上我們的內蒙古導遊驚訝地表示這些公路她都沒走過，我們怎麼會知道？而且沿途的村落地名和里程都正確，答案揭曉：我們懂得從 Google 地球找路線！

深入內蒙古的鄉間省道。

內蒙古的輝騰希勒草原，起伏的草原綠地上，矗立著一座座白色的發電風車，綿延到遠方。

敦煌不可不遊

說到絲路，就不能不提敦煌；來到敦煌，就不能不看看莫高窟、月牙泉和鳴沙山。

舉世聞名的佛教遺址——莫高窟，位於敦煌市東南二十五公里的鳴沙山東麓，前臨宕泉河，東依三危山，俗稱「千佛洞」，是現今世界上規模最大、歷史最久遠、內容最豐富、保存最良好的佛教遺址，一九八七年被聯合國教科文組織列入「世界文化遺產」名錄。

莫高窟創建於西元三六六年（前秦建元二年），一千六百多年來，歷

敦煌莫高窟。

經了北涼、北魏、西魏、北周、隋、唐、五代、宋、回鶻、西夏、元各個朝代，延續著千年不斷的鑿窟造像，形成了南北長一千六百八十公尺的石窟群，共有洞窟七百多個，其中有彩塑和壁畫的洞窟四百九十二個，彩塑兩千多身，壁畫四萬五千平方米，木構窟簷五座。

莫高窟各窟的形式是由洞窟建築、彩塑、壁畫構成。洞窟建築形式主要有禪窟、佛龕窟、中心塔柱窟、佛壇窟、大像窟等；彩塑主要以佛、菩薩、弟子、天王、力士像等為主；壁畫內容則豐富多樣，分別有佛像畫、佛經故事畫、佛教史故事畫、經變畫、神怪畫、供養人畫像、裝飾圖案等七類。

在明朝的鎖國政策下，陸上絲路繁盛不再，莫高窟也淹沒在黃沙之中；直到西元一九〇〇年（清光緒二十六年），王道士無意中發現藏經洞，從洞內出土四至十四世紀世紀的文書、刺繡、絹畫、紙畫等文物四萬多件，才一舉揭開了莫高窟曾經的輝煌燦爛風采；但寶貴的出土文物卻因在當時不受重視而陸續被變賣或偷盜，目前流散於英、法、日、俄、美等國的圖書館與博物館中。

參觀莫高窟，必須集合分組，由導遊帶隊領路，一一打開洞窟鋁門再入內解說，但因遊客眾多，為避免洞窟內擠滿隊伍，導遊會斟酌時間，

騎向吐魯番火焰山。

難忘的火焰山

《西遊記》中的火焰山和鐵扇公主，至今仍是膾炙人口的傳說故事，二〇一一年的絲路中國段，大伙騎車經過新疆的火焰山，親身體驗「火焰山」的威力。「真是印象深刻，我有碼表，記得很清楚，騎車時的溫度是47、48℃，停車時是50℃。中午我們休息了一陣子，太熱了，到下午兩、三點再上路，上路前我準備了一瓶結成冰的礦泉水，我把頭巾、手套、袖套全部去打水，濕濕的，都沒有擰乾就穿戴上身，出發。印象很深，十分鐘，全乾了，那瓶結冰的水已經變溫水了。」這是車友羅仕東回來後常常跟朋友分享的一段經歷：「很多人問，在這麼熱的烤箱裡，能騎車嗎？奇怪，就是可以騎耶。我覺得人是這樣的，可能是做自己喜歡的事，所以能忍受。」

挑選十個左右洞窟參觀，所以每一組參觀的洞窟不同，如果時間充裕又意猶未盡，不妨再追隨別組進不同的洞窟參觀，即使參觀了同樣的洞窟，聽聽不同的解說員講解，會有更多收穫。

推薦值得一看的洞窟有第16～17號王道士發現的藏經窟，第61～63號文殊堂內的倒彈琵琶飛天畫像，第427號屋頂與牆壁間的108身飛天，第428號（早期最大的洞窟之一）的捨身為虎壁畫，第96號高三十五公尺半的彌勒大佛與九層紅樓閣，第130號高二十六公尺的彌勒大佛和第148號長十五公尺的臥佛像等。

如果你在下午時間到達莫高窟，而參觀者的數量超過容量、導遊無法

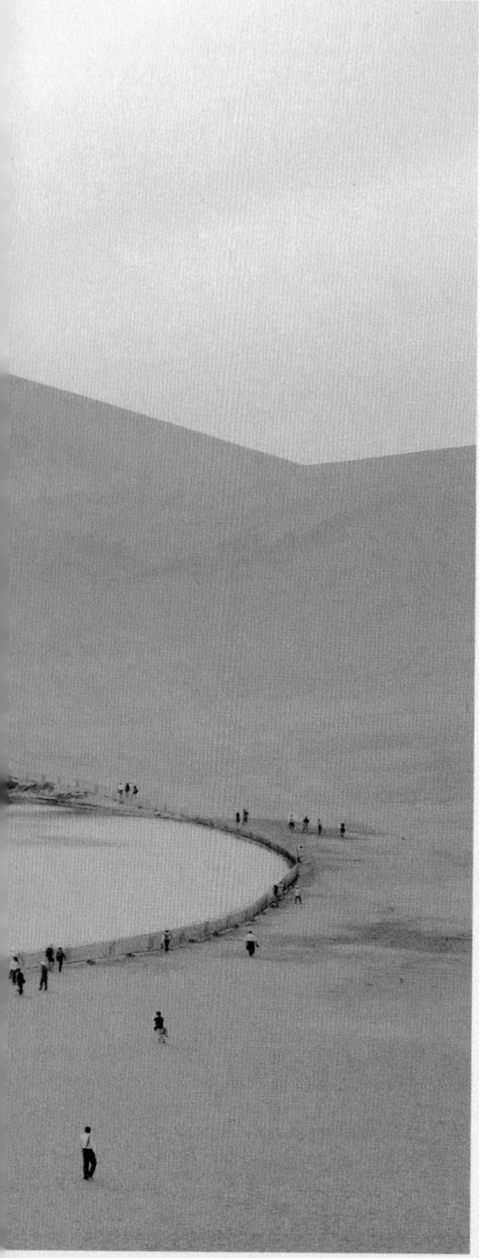

敦煌月牙泉。

調配，售票處有時會停止售票，所以最好是上午去參觀，上午拍攝莫高窟外景的光線也比較好。

鳴沙山月牙泉風景區位於敦煌城南五公里，沙山之間有著一彎如月牙般的清泉，因其罕見的沙漠奇觀而著名於世。鳴沙山因沙動成響而得名。在月牙泉南側的沙山上可體驗滑沙、飛行傘等活動。

在敦煌市區騎單車就可以到鳴沙山，如果沒有單車，市區也租得到；在到鳴沙山停車場前約一百公尺路口處轉進右側鄉道，前行約一公里再左轉進入泥土路，沿著沙山邊的綠洲小路騎行，看到兩座沙山間的山坳上有鐵絲欄

敦煌鳴沙山。

杆，就抵達月牙泉西側的後方沙山了；沿著右側沙山稜線上爬，就可看到月牙泉，並可欣賞日出日落的美景，如果不想走進月牙泉，在這裡欣賞可以節省門票，可惜現在已經有專人防範了，除非有當地熟人帶路。

前往鳴沙山、月牙泉最好避開中午時間，除了中午高溫、炎熱外，沙山的光線也不理想，不妨在下午陽光較弱時去。暑假期間敦煌的日落時間大約是晚上十點，所以八點去最好，那時在斜光照射下，沙山的稜線兩側光暗線條分明，拍攝效果特別好。

青海湖的塞外風光

沿著三一六國道騎往甘肅隴西，之後直奔蘭州，探訪位於黃河上游的劉家峽水庫後，搭乘快艇前往列為甘肅省三大著名石窟的炳靈寺石窟參觀，之後直驅青海西寧。

從蘭州有兩條路線可抵達河西走廊，較近且海拔高度較低的路線是翻越海拔三千零三十五公尺烏鞘嶺山口到武威；另一條是進青海再翻越海拔三千七百六十七公尺的祁連山景陽嶺山口到張掖，我們因全程有強有力的支援車做後盾，因此選擇較精彩的青海祁連山路線。

到了青海不去青海湖看看，可就枉走一趟路。青海湖，蒙古語叫「庫庫淖爾」，藏語叫做「錯溫布」，意為「青色的海」、「藍湖」，它位於海拔三千兩百公尺的高原草場上，面積約臺灣的八分之

一，環湖周長三百六十多公里，是中國最大的內陸湖泊，也是中國最大的鹹水湖，煙波浩瀚，秀美壯麗。沿湖一路走來，湛藍湖水對映著草原牧場上成群的牛羊，滿眼盡是一幅幅美麗的塞外自然風光。

藍天好騎乘。

青海的草原。

Part III

絲路中亞段

古絲路向西延伸的西域地區，突厥，歐亞游牧民族，定居民族大夏人、粟特人、花剌子模，蘇聯解體前的國度，伊斯蘭文化，西方世界眼中蒙著恐怖面紗的伊朗……由於陌生，對世界而言，中亞是一片帶著神祕色彩的異域。

哈薩克，世界上最大的內陸國家，哈薩克人愛吃肉，個個人高馬大；擁有絕美天山倒影景致的吉爾吉斯，從伊塞克湖向天山望去，雪峰連綿，湖光山色，彷彿人間仙境；古絲路上的重鎮——烏茲別克，昔蒙古帝國伊兒汗國故地，首都塔什干（Tashkent）是突厥語，意指「石頭城」；土庫曼，中國古書中的「安息國」，國土九成是沙漠，歷史上曾經出現堪比希臘文明的阿克希曼尼茲王國，後為亞歷山大的鐵蹄掃平，首都阿什哈巴德（Ashgbat）是座「詭異」的城市，附近

的尼薩廢墟、喬肯清真寺、沙帕穆拉寺院都曾深受絲路文化洗禮；伊朗，古波斯，由什葉派主導的伊斯蘭共和制國家，女性都披著神祕的黑斗篷，這個許多人覺得危險的國家，卻有最熱情可愛的人民；土耳其，位於亞洲大陸西端，是連結歐、亞的一座天然橋梁，底格里斯、幼發拉底河皆發源於此，曾經的拜占庭文化、鄂圖曼帝國……從古至今，東西方文明在此衝擊、交流、融合，也是人們比較熟悉的著名旅遊國家。

單車騎行中亞六國，體驗別有一番滋味的旅行遊歷。

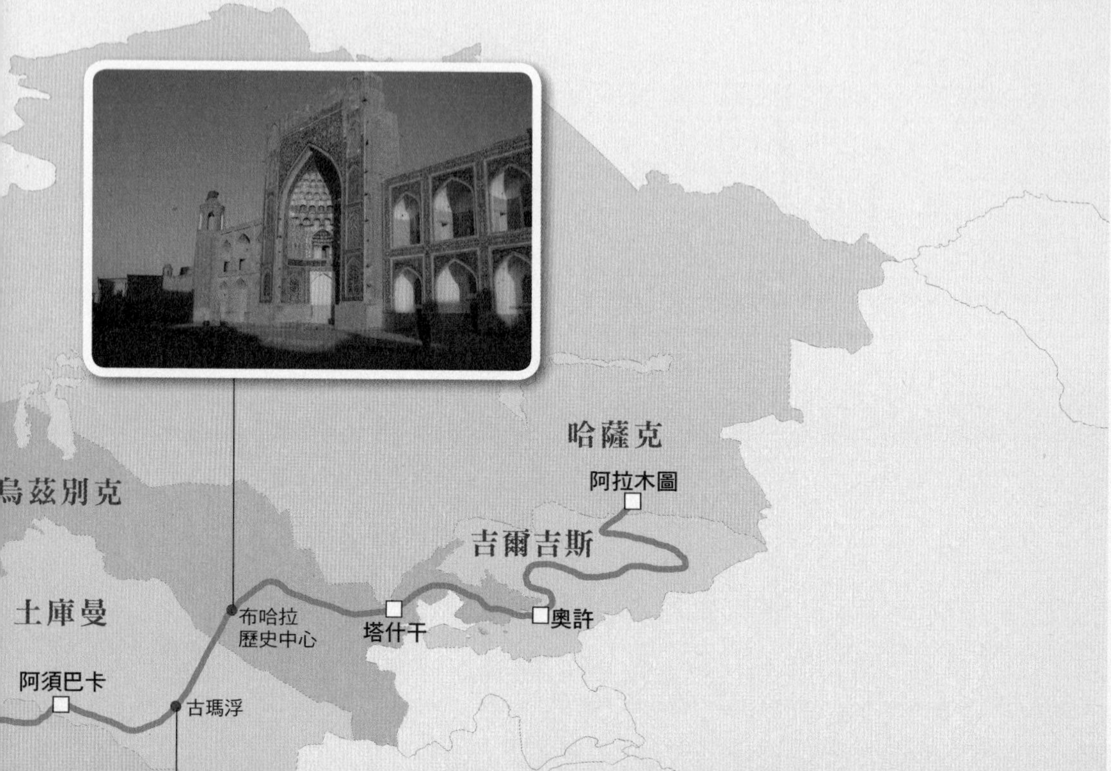

「環球傳騎」壯遊二部曲

絲路中亞段——
新疆／哈薩克邊境至土耳其伊斯坦堡

日期：2012年7月3日～8月12日（共42天）

內容：穿越哈薩克、吉爾吉斯、烏茲別克、土庫曼、伊朗、土耳其六個國家，共6800公里路程。

本大段行程又分為三小段：

1. 哈薩克阿拉木圖—烏茲別克塔什干
2. 塔什干—伊朗德黑蘭
3. 德黑蘭—土耳其伊斯坦堡

此次活動全程參與者11人，小段行程10人。這也是臺灣首支橫越中亞的單車團隊。

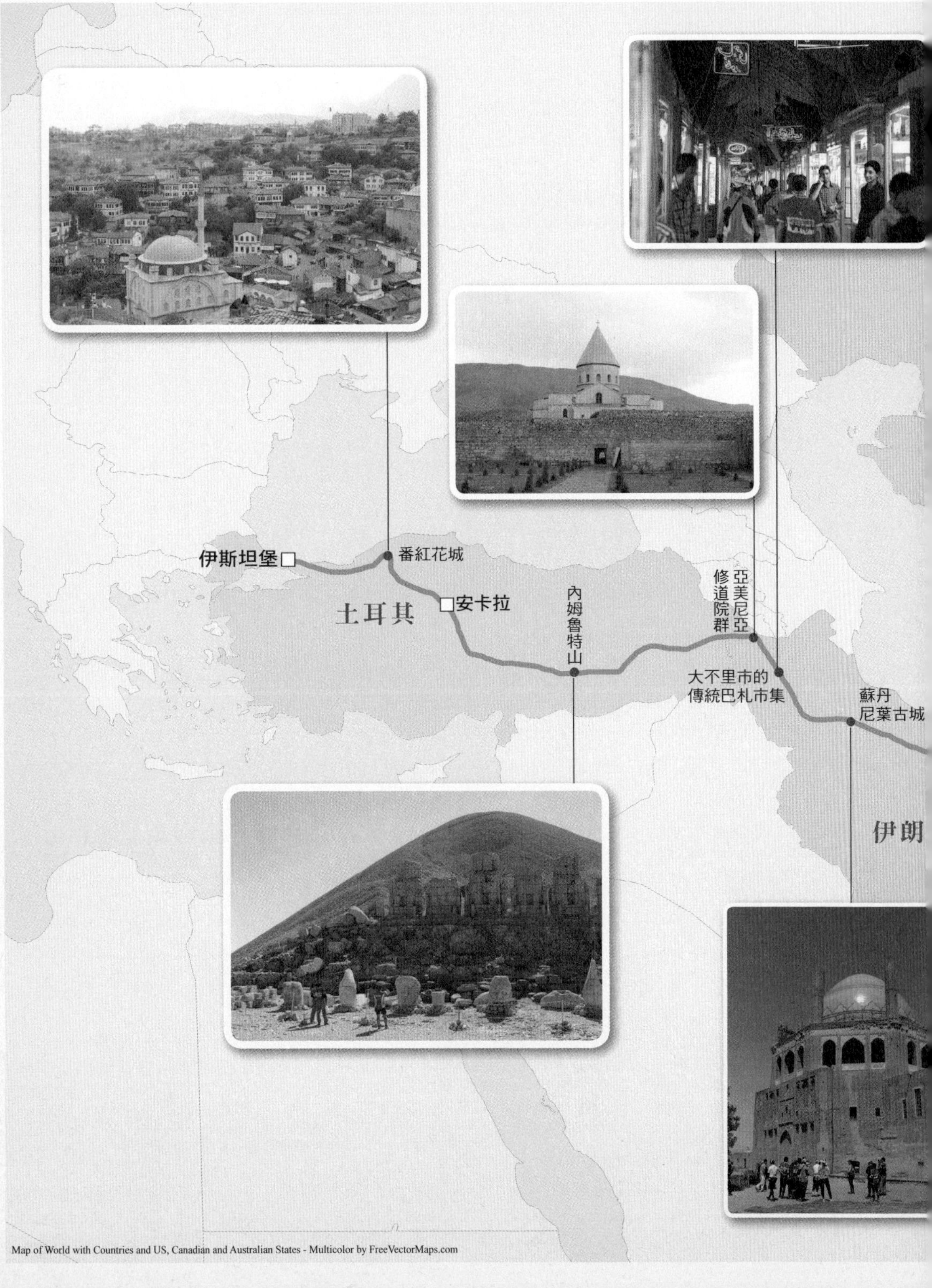

Map of World with Countries and US, Canadian and Australian States - Multicolor by FreeVectorMaps.com

絲路中亞段單車騎行注意事項

❶此段絲路傳騎的單車行程歸類於健腳級路線，適合有騎乘經驗的朋友；但由於有支援車搭配，所以只要單車騎乘技術熟練，沒有國外單車旅行經驗都可參加。

❷行程路況大部分為柏油路面，但會因修路或年久失修而有部分泥石或坑洞路面；行程中也會行經一些彎曲的上下坡越嶺路、連續的髮夾彎山路和交通流量較高的路段，要特別留意個人的騎乘技術、單車狀況和交通安全。

❸沿途行經皆為伊斯蘭教國家，且大部分在偏遠地區行進，因此要有心理準備，飲食口味將與臺灣大不相同。除了主要城市的飲食條件較佳外，路途中只能在沿途餐館簡單用餐。為了讓參加者有機會體驗當地市集及品嘗地方風味，行程中有部分晚餐必須自理（註：自二〇一三年起，「環球傳騎」行程，午、晚餐都由隊員自理）。

❹女性參加者進入伊朗後，由於當地伊斯蘭教風俗民情，於公共場合必須包頭巾（頭髮及臀部需有布料遮掩）。

❺活動沿途住宿條件和旅館等級，在大型城市中將以三星級為主要安排標準，但部分偏遠縣市地區則須遷就當地的旅館設備和條件，有些星級較低且較為簡單，但都會有衛浴設備。

❻由於參觀景點需購買門票，而景點的設施和內容是否值回票價、符合價值，會因個人觀點不同而不同，因此活動費用中並不包含行程

中亞六國通通跟臺灣一樣靠右邊騎車，沒有適應的問題。

哈薩克為世界上最大的內陸國，半荒漠和荒漠占全國面積60%。

所列景點的門票費用。部分的景點隊員可自主評估，決定是否購票進入參觀。

❼「環球傳騎」中亞段全程行經地區，海拔最高為吉爾吉斯境內（三千八百公尺），在高原地區活動，要留意自己的身體狀況和高原反應，另外也要注意因氣候變化大，不同地點會因海拔高度和環境不同而有差異，在遼闊的戈壁灘或鄉野地區，中午之後的氣溫時常會在35℃以上，沿途需注意隨時補充水分，預防高溫中暑。

❽參加者須自備旅行或登山單車。搭機時請將單車裝袋或裝入紙箱托運，超重行李托運費請自付。再者由於每個機場或登機手續櫃臺人員的認知不同，單車托運時難免會遇到一些問題或刁難，甚至需要支付額外費用。

❾由於並非全程騎車，單車在飛機托運和進出支援貨車的運輸過程中，難免會產生一些不可避免的損傷或刮傷；另外也考慮到路途中的維修難易、零件和修車工具的通用性，所以建議勿攜帶太高檔的單車，以登山車或旅行車為主，避免用油壓碟煞等裝置。

我們在幹嘛？頌湖（Song-Kul）旁秀美腿啊！

哈薩克—吉爾吉斯邊界。

中亞初體驗

對許多人而言，「中亞」是神祕而陌生的，哈薩克、吉爾吉斯、烏茲別克、土庫曼、伊朗、土耳其……除了土耳其，許多人對另外五個國家都是只知其名、不識形貌，也因此，二〇一二年的絲路中亞段行程吸引了不少對這塊陌生地域充滿好奇的朋友參加。

「好奇」，看來是人類共同的天性——中亞行歸來後，幾位車友對中亞的印象，第一個就是「中亞人很好奇」。

「可能因為很少看到外國人，那裡的人對外面來的人

擁有小伊賽克湖之稱的頌湖。

傳統的吉爾吉斯牧民。

都很好奇、熱情。其實中亞的地理位置處於東方和西方的中介，人種是混血的；以遊牧民族的習性來講，外來的人都是客人，所以他們會打招呼，會好奇地問許多問題，想多了解關於你的一些事情。」車友心侃說：「中亞屬回教文化圈，大部分回教國家都以男性為主，女性顯得很被動，但烏茲別克例外，那裡的女人頗強勢、主動，她們也不必包頭巾，伊朗就完全不一樣。」伊朗的女性都要把頭包住，尤其是頭髮不能讓外人看到，即使在沒有外人的情況下她把頭巾放下了，一旦發現有陌生人，又會馬上把頭巾圍起來——這種警覺和嚴格，令許多車友印象深刻。

有一天，車隊行進在烏茲別克境內，中午大伙在一個室外餐廳吃午飯，餐廳裡正在吃飯、聊天的幾乎都是女性、小孩，餐廳裡還有一個露天大舞池，也都是女性在跳舞。一位男車友開心地加入跳舞的人群中，婦女大方與他對跳、表示歡迎，另一位男車友還被一位中年女性一把摟過去，要餵他吃東西……她們的表達是很直接的。也很開心地要我們幫他們拍照。烏茲別克的女性身材高大，車友伙伴事後回憶說：「那些阿姨、大媽看見我們，就像媽媽摟小孩、一把把我們摟進懷裡的感覺。」

說到身材，此次行經中亞地區六個國家，車友心侃說：「哈薩克的女

烏茲別克特有的藍色陶瓷碗盤。

性身形最高大。不是高眺，而是像鐵塔一般的『大隻』，人高馬大，身材基本上都呈三角形、聖誕樹的形狀，看我們的身材就像小孩一樣。我們的哈薩克導遊——一位身形高壯的大媽——對我們介紹說：『世界上有兩種動物最喜歡吃肉，一種是狼，另一種就是我們哈薩克人。』也許這正是哈薩克人人高馬大的原因之一。」雖然都屬回教文化圈，但中亞的幾個國家中只有伊朗的女性必須包頭巾，還只能用黑布，整身都是黑色，這身裝扮讓車友戲稱她們為「黑蝙蝠」。

海島臺灣，很難感受「過邊界」的感覺，出國一般都是坐飛機，坐上飛機，出國了；下了飛機，回國了。「環球傳騎」四大段行程中，中國、美國都在一個國家裡，歐洲都已是歐盟，也沒有邊界，唯獨中亞段最有「過邊界」的感覺。

烏茲別克大人小孩都愛跳舞——這不是公園，是一間餐廳的中間廣場。

從吉爾吉斯進烏茲別克時，

吉爾吉斯導遊在邊界送別我們，「之後我們要自己走到烏茲別克。說真的也不知道那邊有沒有人來接我們？」中亞段領隊姜蕾說：「還好那一段路不遠。最遠的是烏茲別克到土庫曼，那段路大概有三、四公里，我們得自己拖著所有行李走這段路，加上裝腳踏車的大紙箱、車架……」那天天氣很熱，又是逆風，還有車友的車破胎，大家停下來補胎……狼狽不堪，「我們一群人就像難民一樣走在這條路上。那個邊界真是過得超辛苦，走了一個多小時。」

在中亞，任何土丘土堆都有可能是遺跡。

土庫曼路邊的野生駱駝。

熱情的伊朗人

中亞六國中，伊朗讓幾位車友留下了最深刻的印象，「伊朗的老百姓最熱情、最善良。」

車友心侃說：「我之所以參加絲路中亞段行程，最大的一個因素是想去伊朗看看。」在他以前的印象中，伊朗似乎與封閉、激進、恐怖主義脫離不了干係，幾年前他到瑞士旅行時，結識一個來自斯洛伐尼亞的朋友，這個朋友曾經去過世界很多國家，「我問他：『你去了那麼多地方，你最喜歡、還想再去的是哪裡？』他的回答是伊朗。這個答案令我意外，怎麼會是伊朗？他說大多數人對伊朗的負面觀感其實是受到美國的影響。」

這個來自斯洛伐尼亞的男子，到伊朗的第一天，在路上只是向一個在等紅綠燈的司機問路，那位司機就請他上車、把他帶回家，請他吃了一頓豐盛的午餐，還說「如果你願意的話，可以住我們家……」伊朗人的熱情、真誠，深深打動了他。

「據說《可蘭經》裡就有『要善待陌生人。如果你有得吃，他也要有得吃』等類似的經文。基本教義的伊朗，奉行《可蘭經》經文是很徹底

原本黑漆漆的店面，因為我們要拍照，老闆特地把燈全部打開。

的。」

車友嘉鴻說：「伊朗這個國家，和西方國家的關係不好，外國人去伊朗旅遊的很少，可能因為很少有機會看到外國人，所以伊朗人對外國人格外好奇、熱情；加上我們騎車都穿著車衣、緊身褲，這樣的裝束在當地是很奇特的，尤其是小鎮，他們根本想不到有人會穿這樣的衣服。」每當車隊到達任何一個小城鎮或在小公園休息，很快就會有許多人聚集過來圍觀，觀察這群陌生人的一切物品、裝備和動作。圍觀的人群中有男有女也有小孩，女性會站在比較後面、外圍的位置。「我們只要一停下來、一坐下來就有人圍過來。」

騎過西瓜田，有人喊著要車隊停下

來，但車隊並未因此停下，繼續前行；只見兩個伊朗小伙子抱著西瓜、騎上摩托車追上去，當車隊在下一個停靠點停下休息時，他們抱著西瓜走上前來說：「這兩個西瓜送給你們。」

伊朗人的好學、勤於練習英文的熱情也令人難忘，「那裡的父母一碰到外國人，馬上把小孩子推到前面去，讓小孩子把握機會和外國人練習說英文，小孩子也特別喜歡和外國人聊天、東扯西扯說幾句。」

車友羅仕東二〇一二年參加「分時分段單車環球」第二~三小段行程，在和主隊伍會合前，他自己先去伊朗自由行十天，「那裡的人真的很友善，不但有求必應，他還會帶你去你要去的地方。伊朗人最可愛的就是一天到晚有人要找你講英文，而且態度非常好。」

我們的隊伍被攔下來送西瓜。

太平洋自行車博物館
Museum Pacific Cycles

VIP 票

館址：32744 桃園縣新屋鄉永福路686號
詢問電話：03-4861231分機312(請於上班時間來電)
開放時間：週二至週日08:30～16:30(最後入場時間16:00)
預約資訊：週二至週五採網路預約制(請至博物館網站預約)，
週六、日可現場購票，但團體仍需預約。
http://www.pacificcyclesmuseum.com

撕毀無效

A 003561

交通位置：

國道一號/ 國道三號→66快速道路往觀音方向行駛到底→左轉接台15線西濱公路至54.7公里處左轉，左邊450公尺。

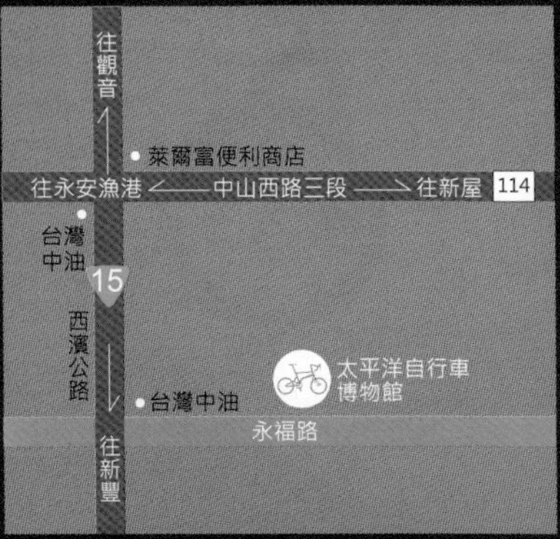

1.本票券一人一票，限一次使用。
2.票券請妥善保管，如遺失、損壞、燒毀或破損，恕不受理掛失或補發。
3.折抵部份為無償所得，故恕不找零、亦不得折換現金。
4.偽造本票券將依法追究。
5.其他未盡事宜以館內公告為主。

一路走來穆斯林普遍都是好人，外界不要被少數激進分子嚇到了。

有一天早上，羅仕東騎車出去逛，路上有一個也騎單車的年輕人靠過來對他說：「打擾你一下，我可以跟你聊聊天嗎？我看你是從國外來的，一個人在這裡騎車旅行……我是大學生，我們很少有機會和外國人講英文，所以我想練習一下英文。如果你覺得時間有點長了，或是你有事，或你覺得被打擾了，請你告訴我，我會馬上離開，跟你說再見。」羅仕東心想：這個開場白挺有意思，就來聊吧！東拉西扯聊了十幾二十分鐘後，這名大學生說：「我很高興今天可以跟你用英文聊天，坦白說，我們學了那麼久英文，都沒有機會講，尤其沒有機會跟外國人講。今天真的很高興，祝願你旅途愉快。」兩人就此互道再見。

在伊朗不時有在路上被人禮貌地攔下來的經歷。有一天，一輛車在車隊前面停下，一個媽媽走下車來用不太流利的英語說：「對不起，請問你們從哪裡來？……我的兒子想和你們聊聊天，可以嗎？」一看，車裡坐著她們一家人，丈夫和孩子，兒子看起來是大學生，比較靦腆，有點窘迫地對媽媽說：不要啦……可這個媽媽很有主見，仍然說：「我兒子想和你們聊聊天，可以嗎？」車友們說：可以啊，可以啊！媽媽把兒子叫出來，大家聊了幾句，然後媽媽又說：「今天很高興，能不能大家一起照相留

餓腸轆轆「齋戒月」

「齋戒月」（Ramadan）是伊斯蘭世界一年一度的宗教盛事，時間在每年回曆的九月，也就是回曆第八個月後，從夜空重現新月算起的次一個月，因各地的新月時間不同，齋戒月的時間也稍有出入。履行、持守齋戒是回教徒（穆斯林）必行的五項功課之一，女性通常從九歲起守齋戒，男性則從十二歲開始。每年的齋戒月，全世界十三億穆斯林要度過忍耐、克制物欲、靜滌心靈的一個月，在這個月的每一天，從日出後到日落前停止一切飲食（有的連口水也不能吞進肚子裡），日落天黑之後方可飲食。

一個月的齋戒月結束後，就是「開齋節」，也就是回教的新年，穆斯林會舉行各種慶祝活動，這時出門在外的人都要提前趕回家中，親友間互相拜訪，非常熱鬧。

穆斯林每天五次在固定的時間面朝麥加的方向禱告。五次分別稱為晨拜、晌拜、晡拜、昏拜和宵拜。

念？」

「常會遇到有人要求和我們照相，有時我們在騎行中不方便隨時停下來，二來也不認識對方，就沒有停；他們很有耐心，一再請求我們停下來和他們照相。」也有人邀請這些來自遠方的陌生朋友一起野餐、到家裡喝茶……等等。「旅行過那麼多地方，最難忘的是伊朗。」車友羅仕東說：「去之前所有媒體資訊告訴我們的都是那是一個危險、不友善的國家，但真的去了，發現正好相反，那裡的老百姓是最善良、最可愛的。」

這是很正式很高規格的伊朗餐，粒粒分明的白飯，配上一隻魯或是炸雞腿。當然，「齋戒月」天黑前我們不可能找到這樣的餐廳吃飯。（上）；伊朗小市集。碰上「齋戒月」找不到東西吃時，格外想念這樣的小市集（下）。

二〇一二年「環球傳騎」絲路中亞段騎行隊伍也遇上了「齋戒月」，大伙常常騎到要吃飯的時間了卻找不到東西吃，餐館絕大部分都不營業。常常收車之後要花不少時間找地方吃飯，有一次實在找不到，地陪導遊和司機到小商店買了許多乾糧、罐頭打算野餐，但到哪裡找適合十幾個人坐下野餐的地方？開車又找了四十分鐘。

曾到中亞騎車的車友仕東兄說，就他所知，齋戒月期間其實還是可以找到白天營業的餐館，但數量很少，而且比較隱晦，只有熟知當地情況的人才知道。

因為一瓶酒進法院

這是一段許多人難忘的經歷，尤其是當事人——心侃和小妹。

從哈薩克進伊朗時，「我的行李箱裡有一瓶在哈薩克買的伏特加，因為瓶子很漂亮，我和小妹各買了一瓶。」心侃那瓶在吉爾吉斯大家吃羊肉大餐時開了，喝得只剩下一點點，小妹那瓶沒有開過。

那天過海關要進伊朗，有的隊友聽到領隊姜薑的叮嚀：要有技巧地把酒藏好。也有的隊友聽到伊朗導遊說：沒關係啦，黑市都買得到酒……心侃不知道海關有不能帶酒的規定，完全沒有警戒心，酒就放在行李箱最上層。

當海關人員查到他的行李，一翻就看到一瓶酒，心侃記得，「當下海關人員高興得笑了出來。」他心裡一定在想：哪有這麼笨的人！海關人員把酒瓶拎起來，對著他晃了晃，「我一臉迷惑，發生什麼事？對方把酒扣下，然後說一會再通知我，要我先到旁邊等。」海關不動聲色，後面的人也不知道到底發生了什麼事，不久小妹的酒也被查到了，兩人一起到旁邊等。「當時我心想：頂多把酒沒收了、寫個切結書，沒有關係吧！伊朗導遊也安撫我們說：沒事沒事，以前也碰過這種事，沒有問題。」

過關後大家到二樓餐廳吃午飯。海關帶著一名警察來了，要把心侃和小妹帶到法院直接審判，「我和小妹、導遊、兩名警察，五個人坐上一輛小包車。」海關（邊界）在山頭上，到最近鎮上的法院車程大約半小時，「心裡很忐忑，怎麼會搞到要進法院？不知道到底多嚴重？不知道伊朗的法律，到底帶酒是罰款了事，還是要監禁？還是要被鞭打？……」

「這是我這輩子第一次進法院，在伊朗。」這座法院像博物館，進了大門是一個花園，花園之後才是法院大樓，整個法院空盪盪，除了警衛空無一人，問導遊：為什麼都沒人？「記得那天是禮拜三，原來禮拜三下午在伊朗是放假的，為了方便我們兩個觀光客，那天特別把

伊朗法院。

檢察官和法官找來加班。」

進去之後先上二樓找檢察官做筆錄。檢察官年約五十歲，穿著西裝，會說一些英文，「他問了我們姓名、年齡、職業等基本資料，比較特別的是還問了父親的名字、是不是回教徒。我說我不是，如果是的話就慘了，知法犯法，罪加一等。」最後檢察官要兩人把罪證（酒瓶）拿起來，他用手機拍照。問他：這是要作為證據嗎？他說不是，「我要傳給我朋友看，抓到兩個外國人。」

「做完筆錄我們就被帶進法院見法官。法官比較年輕，大約四十歲，不會說英文，留了一臉大落腮鬍，穿著像傳教士般的黑色

被「追星族」熱情圍繞

在中亞的某些國家，我們這群來自遙遠異國、裝束奇特的「外國人」，嘗到被「追星族」追圍的滋味。

每當一天的騎乘結束、抵達當天住宿地之後就是自由活動時間，大家都會出去逛逛。走在路上，所到之處幾乎都受到有如明星般的待遇，店家都要找我們聊天、送我們小禮物和我們照相。剛開始很爽，後來就有點煩了，因為太多了。很多店家都要和我們照相，輪流照，送我們小禮物，馬路邊的人也要和我們照相……一直有人要和我們照相，也不免感覺有些被打擾。

而女性在伊朗會受到更大的熱情潑灑。一位女車友說：「這裡的人太熱情了，負擔好大。」她走過之處，這個店家要送她小香水、那個店家要送她水果、小甜點……一堆人跟著她走，從街頭走到街尾再走回

東土小朋友。有時候我們也會變成「追星族」要求合照。

長袍，態度很嚴肅，加上伊朗人常見的鷹勾鼻，看上去很凶、不太友善的樣子。」檢察官陳述筆錄後，法官翻開桌上一本厚厚的看來像是法典的書，對檢察官說了一番話，檢察官翻譯，「他說，根據伊朗法律，喝酒者要這樣——他用手比了一個三，我問是怎樣？他不會用英文說，先用畫的，畫了一個格子，我們看不懂，他就用手機打電話問朋友，然後說prison——我們才明白，原來他剛剛畫的格子是牢房的意思——說喝酒在伊朗是重罪，要關三年。但因為我們是觀光客，又不是回教徒，所以考慮對我們從輕發落……」

來；還有人開著車停在她身邊，邀請她上車，到家裡坐一坐、喝茶……「到處都有一堆人跟著」也不是所有人都消受得起的，於是後來她選擇早一點回旅館休息，甚至不敢再出去逛，太興師動眾了。

伊斯坦堡傳統巴札。行經中亞許多城鎮街道，我們這群來自遠方的「外國人」常受到當地人的熱情對待。但中亞人的熱情有時讓人難以消受，還有女團員乾脆躲在房間不出去逛了。

之後兩人到法庭外面等候審判結果。法官和檢察官好像又在商議些什麼。「實際我們等了不是很久，大概十幾分鐘、半個鐘頭吧？但感覺等了很久，度日如年一般。我在想，本來要關三年，如果減輕罪責，那會是多久？即使減到一個月，也難以承受啊！」

終於又傳喚了，兩人起身要進去，但對方只讓心侃一個人進去。法官宣判，罰款七十五美元。「呼！心裡大石落了地。」

心侃問，為什麼不叫小妹一起進來？要個別宣判嗎？還是量刑不同？幫忙翻譯的導遊說一樣，都是罰七十五美元，「那為什麼不叫她進來一起聽判決結果？」導遊說，法官嫌她穿著隨便，不想再看見她——小妹去中亞騎車前剃了一個大光頭，那天她穿著短褲和排汗衣，法官覺得太不莊重。

在伊朗，外國女性也要入境隨俗，除了要包頭巾，穿著上不能露出肩膀和上臂，所以就幾乎等於不能穿短袖；不能露出臀形和大腿的形狀，身體的曲線不能露出來。車隊一行入境德黑蘭時有一名女隊友就穿短袖，海關不讓她過，扣了她的護照，要她穿上長袖衣服才可以過關。另有一名男隊友也被扣，因為他穿短褲——男性也不能穿短褲。

有人問：那伊朗人游不游泳？答案是：游，但也是包著衣服下水。

審判、宣判後，又坐上那輛小包車，將心侃和小妹送去與車隊會合，結束了這次伊朗法院行。

探索更多可能性——小妹（楊惠馨）

談起那年入境伊朗時因為帶酒進法院的經歷，小妹說：「那天我有包騎腳踏車的頭巾，穿短褲、涼鞋。法官宣判時因為覺得我違反他們國家的善良風俗不想看我，所以沒召我進去聆判。我在心裡冷笑三聲，你不想見我？那就算了啊！」

生於一九七九年的小妹（楊惠馨）是小兒科醫師，因為年齡在隊友中屬於小輩，所以大家都叫她「小妹」。醫生工作十分忙碌，少有空閒時間，「那年我把兩年的休假併在一起，去中亞騎車旅行一個月。」對於要進入伊朗這個國家，小妹曾經有一些抗拒感，因為它規定女生一定要戴頭巾，不得露出頭髮，她不太服氣，一是想渾水摸魚裝男生，二是「我有一個有點瘋狂的想法，想試看看。那時我總醫師快畢業了，畢業之後就去當主治醫師，就更沒有機會這樣搞自己。錯過這次，這輩子大概也沒有機會理光頭了。」

雖然理了個光頭，但還是被發現是女生，有一次上廁所，小妹進女廁被趕出來，「我本來就話很少的人，也不多解釋啦，就去上男廁。」領隊姜蕾解手解到一半轉頭往旁邊一看嚇一跳：「哇！怎麼是妳？妳怎麼會在這裡？」

一個月頭髮長不了多少，放完假回醫院上班，她的造型有點嚇壞了醫院其他同事，「有些人以為我遭遇了什麼情變或打擊。沒事嘛，就這樣而已。時間長了頭髮就長出來啦。」小妹一貫酷酷、幽默地說。

「中亞那幾個國家，我最喜歡烏茲別克，那裡的人熱情，活得很開心。吉爾吉斯山區的風景非常美，泥火山顏色的山，映著碧藍如寶石的湖……」

其實小妹並不是「車友」，平常沒有

只是出來走走的小妹。

在騎車，剛開始體力還比不上那些老人家，「還要他們給我加油鼓勵，大家都對我很好。」在吉爾吉斯時山路很多，有一天小妹騎在最後，那是一段很長的上坡，還碰上輪胎爆胎……「到了最後一個上坡，很陡，其他人都已經騎到了，王維裕阿公遠遠看到我快騎到了，他一路跑到山坡最下面等我，跟我說：『緊哩，加油！不可以停下來……』幫我加油，陪我一路跑上坡……後來還好慢慢就跟得上了。」一起騎車的車友由於曾經共患難，感情也特別好，有一次阿公講自己的故事講到泫然欲泣……一起旅行，分享生命故事，是一種共享生命暖度的美好。

為什麼會一個人參加這樣的行程？「其他朋友很難有這麼長的假，就算有，時間上也很難搭在一起。我覺得想做就趕快去做，別考慮那麼多。」有人問她，平常工作那麼忙，放假為什麼不好好休息？騎車不是很累嗎？小妹反問：「所謂的休息是什麼？躺在那裡看電視嗎？那更累啊！」

一個人在一個陌生的地方，脫離熟悉的環境和生活，會發生一些難以預料的際遇，也因此可能會有很多意外和驚喜，「有時再回想自己在面對突發狀況時做的決定和行動，會發現自己平常沒

伊朗宗教法律規定，
女性一律須包頭巾。

維裕阿公特地到山下陪小妹跑上來。

有機會發現的另一個自己。」

而騎車旅行，更像是一種與自我的深度對話。騎車的時候是獨處的時刻，雖然也許前後有伙伴，但烈日酷暑下的每一步踩踏、寒風冷雨中的每一個呼吸，都是自己的。很多時候，脫離原本熟悉的環境，意識也得以解放，種種平日輕易不現形的記憶、思維得到釋放與舒展——那也許是一種「放空」的狀態，也可能是某些生命重要情境的回溯。「旅行時，一幕又一幕景象映入進眼簾，一邊回想生命中曾經發生的一些時刻，突然就有不一樣的觀照。當時經歷的當下自己在裡面，是當事人，這時再回想，像是站在外面看，一些沒有注意的、遺漏的畫面會出現，會讓我有一些新的想法。」

釋放了的思維是天馬行空的，可以內溯，可以外展，可以很近又可以很遠。「我喜歡去比較古老、有歷史的地方。有故事的地方，能夠引發無邊無際、很開闊的想像。譬如說這條路是過去十字軍征戰時曾經走過的路，現在也許只是一條尋常的公路，但腦中馬上可以浮現當年大軍征戰時的場面和故事……」把眼前的景象和過去的歷史連結在一起，顯然是旅行的一大樂趣，「記得那年中亞行，有天我們去參觀位於伊朗的一座聖山，在山上眺望整片遼闊的土地，我跟隊友討論：在那個沒有現代科技的時代，這一大片土地到底是怎麼管理的？……」

在參加「環球傳騎」的車友中，也有些像小妹這樣獨自參加的女性，她們通常各有自己的專業、生活和家庭，對她們而言，騎車旅行是否是忙碌生活之餘的一種調劑、充電？「這樣講也可以。」小妹說：「每天待在同樣的環境裡也會厭煩。我不想一直待在同一個城市，想去看看不同的地方。雖然並不確知旅行會帶給我什麼，但至少先『不一樣』再說吧！」──或許，這是這個時代裡某些女性的寫照：她們不想要一成不變的生活，不想要全盤接受這個社會賦予自己的定義，她們，不斷地探索世界、探索自己，嘗試去發現、去找到自己真正想追求的，不放棄讓自己具有更多可能性。

詭異土庫曼

位於中亞的土庫曼（又稱土庫曼斯坦），之前是蘇聯中亞地區的加盟共和國之一，一九九一年蘇聯瓦解後獨立，實行總統制，被尊稱為「土庫曼之父」的首任總統尼亞佐夫推行個人崇拜，藉修改憲法將總統的權力逐步擴大，如無限期的總統職權，並效法古羅馬凱撒大帝，重新制定一年十二個月份的名稱，他自己的名字是一月的名字，其母之名是四月。難敵世界潮流與激烈政爭，二〇〇五年他宣布放棄終身總統地位，並訂二〇一〇年舉行下屆總統選舉。尼亞佐夫於二〇〇六年底因突發心臟疾病去世，享年67歲，其真正的死因眾說紛紜，民間傳說與政治鬥爭有關。

二〇一二年的絲路中亞行，車友們來到了土庫曼的首都阿什哈巴德，這個在大家口中「像北韓」的國家，首都給大家留下了深刻而詭異的印象。

位於沙漠、大戈壁中的首都阿什哈巴德是一座非常美麗、像模型一般的城市，所有建築的外牆都是白色大理石，晚上打上燈光，遠遠望去，整座城像拉斯維加斯一般璀璨細緻、金碧輝煌，「可是屋子裡面都是暗

昔日霸主帖木兒

烏茲別克過去是蒙古帝國創建的伊兒汗國故地，西元一三九三年被帖木兒帝國所滅；帖木兒帝國（西元一三七〇～一五〇六）的版圖曾遠及小亞細亞、西亞、中亞及南亞地區，帖木兒在位35年（西元一三七〇～一四〇五年），他是世界上最後一個霸主、征服者，自他死後，世界帝國再不復見。如今，烏茲別克舊都、也是第二大城市——撒馬爾罕（Samarkand）的市中心仍可見帖木兒的巨大坐姿雕像，附近還有帖木兒的文物博物館（也就是帖木兒的陵寢）。

帖木兒的雕像。

撒馬爾罕市區有一個列基斯坦廣場（Registan Square），原始建物始建於帖木兒時代，當年這棟建築遲遲無法完工，裡面有一個故事：據傳，當年負責建造的建築師深深愛慕美麗的帖木兒夫人，為了延長一親芳澤的時間，工程進度大為拖延，甚至還斗膽請求夫人賜吻——帖木兒得知此事後大怒，不但賜死建築師，還下令從此婦女都必須以面紗蒙面，不得隨意讓人看見容貌——這是不是伊斯蘭女性蒙面的原因？如今恐怕已不可考了。

處處是遺跡的撒馬爾罕。

土庫曼先聖的雕像。

的，沒有人住。」重視門面的國家，首都是這樣一個美麗精緻的樣本城市——這是土庫曼導遊、一位大學英文教授的解說。

全城大理石房屋的反光映得馬路的地面閃閃發亮，馬路也非常豪華，「這輩子沒看過那麼平的柏油路！」公車站都是玻璃帷幕打造，有冷氣、液晶電視……土庫曼產石油，貧富差距很大，住在首都的人民享有免費的瓦斯，石油每月有免費配額，「因為瓦斯不用錢，而火柴要花錢買，所以他們瓦斯開了都不關。」出了首都就是沙漠，城市之外的大部分國民生活都很貧困。

「土庫曼以前是個極權國家，其總統不輸任何一個獨裁者，非常自戀。」這位「土庫曼之父」尼亞佐夫在首都的公

國防部。

土庫曼的很多建築裡都有這個LOGO，燈光會隨著時間改變。

園裡塑造了一座自己的黃金雕像，這座雕像會隨著太陽旋轉，象徵「太陽永遠照著他。」到處都有他的塑像，他寫的書全民要背誦，考試要考，當地導遊說，連考駕照都會考總統語錄。

晚上大家遊覽市區，雖然有很棒的馬路，但在這座城市裡是禁止騎腳踏車的，外國人到哪裡都必須有導遊跟著。大家走在路上，發現了一個奇異的景象：金碧輝煌的城市裡，街道上霓虹燈閃爍，馬路上車很多，但路上沒有任何行人，一個人都沒有！「後來我們走到一個公

園，看到公園裡滿滿都是人！所有的人都聚集在公園裡。」——原來這也是當地的規定：在某些時間段，大家只能在公園裡活動，街上不准有人。

第二天離開時，一行人上車，直接送到邊界。

車子一出阿什哈巴德，極度的反差隨之而來：馬路成了連線道都沒有的顛簸土石路，來往的車輛混亂橫行，迎面而來逆向的車……立刻從嚴密控制的精致秩序進入毫無控制的蠻荒混亂。一個土庫曼，首都內外，兩個世界。

阿什哈巴德新城區夜景。

阿什哈巴德街景之一，像這樣用心打燈的建築很多。

遠方的山上的燈光，是健康公園的步道，總長6公里。

阿什哈巴德簡潔有力的建築。

驚鴻一瞥庫德族

二〇一二年的絲路中亞行，我們進入了因為少接觸而顯得比較陌生的伊斯蘭世界，見識到中亞的文化、風俗，騎過許多人眼中危險的伊朗，在東土耳其，我們還曾經過庫德族區域。

庫德人（Kurd）是中東地區的游牧民族，是這個地區最古老的民族之一，主要分布在土耳其、敘利亞、伊拉克和伊朗境內。在這塊動盪不安、戰火頻仍的地區，近年來庫德人掀起獨立建國的聲浪，屢遭土耳其、伊拉克等國壓迫，因此爆發不少激烈衝突事件。

庫德族是中東地區古老的游牧民族。
圖為頌湖牧民。

那天我們正騎行在路上，當地導遊突然要求我們全部人和單車都上支援車——原來前方將經過庫德人的生活區，為了避免麻煩，「前面這段路不要騎了，大家坐車快速通過」。

雖然只是驚鴻一瞥，但是印象深刻：公路上的碉堡，土耳其軍隊、軍營、機關槍……一股肅殺的氣氛撲面而來。

政治無情。其實一般庫德人老百姓還是很純樸、善良的。

Part IV

歐洲段

普羅旺斯，阿爾卑斯，托斯卡尼；愛琴海，萊茵河，多瑙河；羅浮宮，凱旋門，大教堂……歐洲，是無數旅人心中的聖地。始於歐洲的工業革命改變了世界，引領人類物質文明的飛躍進步；文藝復興時代的能量與光芒，為人類的精神文明綻放絢麗之花。大西洋彼岸的人文、藝術、哲學歷史與自然美景，百年來吸引、召喚著東方。

保加利亞，昔日的羅馬帝國，大馬士革玫瑰依舊嬌豔芬芳；多瑙河與普魯特河在羅馬尼亞匯合後注入黑海；位於歐洲正中心的匈牙利，首都布達佩斯有「多瑙河上的明珠」之譽；斯洛伐克與捷克有著同樣的語言和文化，僅首都布拉提斯拉瓦（Bratislava）就擁有一百八十座優雅的古堡；奧地利首都維也納數

百年來是古典音樂與歌劇的中心，阿爾卑斯山區是舉世聞名度假聖地；瑞士，許多人心目中最理想的國度，日內瓦湖畔的雅致優閒令人神往；「千堡之國」盧森堡，山勢險峻、森林茂密；「歐洲的十字路口」比利時，以藝術、建築、啤酒、美食及巧克力聞名世界；荷蘭，風車、花卉、梵谷的故鄉，擁有通達便利的自行車道，多元開放、接納一切的自由氣息令人難忘；還有德國柏林圍牆、法蘭克福大教堂、如詩如畫的黑森林騎行經歷；浪漫之都法國，史特拉斯堡巴黎聖母院大教堂……

精彩紛呈的歐洲單車行，慢遊諸多古堡、小鎮、世界文化遺產，一生必遊的經典路線。

「環球傳騎」壯遊三部曲：

歐洲段——

土耳其伊斯坦堡至荷蘭阿姆斯特丹

日期：2013年6月15日～7月28日（共44天）

內容：行經土耳其、保加利亞、羅馬尼亞、匈牙利、斯洛伐克、奧地利、德國、瑞士、法國、盧森堡、比利時、荷蘭12個國家，共3750公里路程。

本大段行程又分為三小段：

1. 土耳其伊斯坦堡—奧地利維也納
2. 維也納—法國史特拉斯堡
3. 史特拉斯堡—荷蘭阿姆斯特丹

此次活動全程參與者15人，小段行程21人。為首支成功橫越歐洲大陸的大型華人單車團隊。

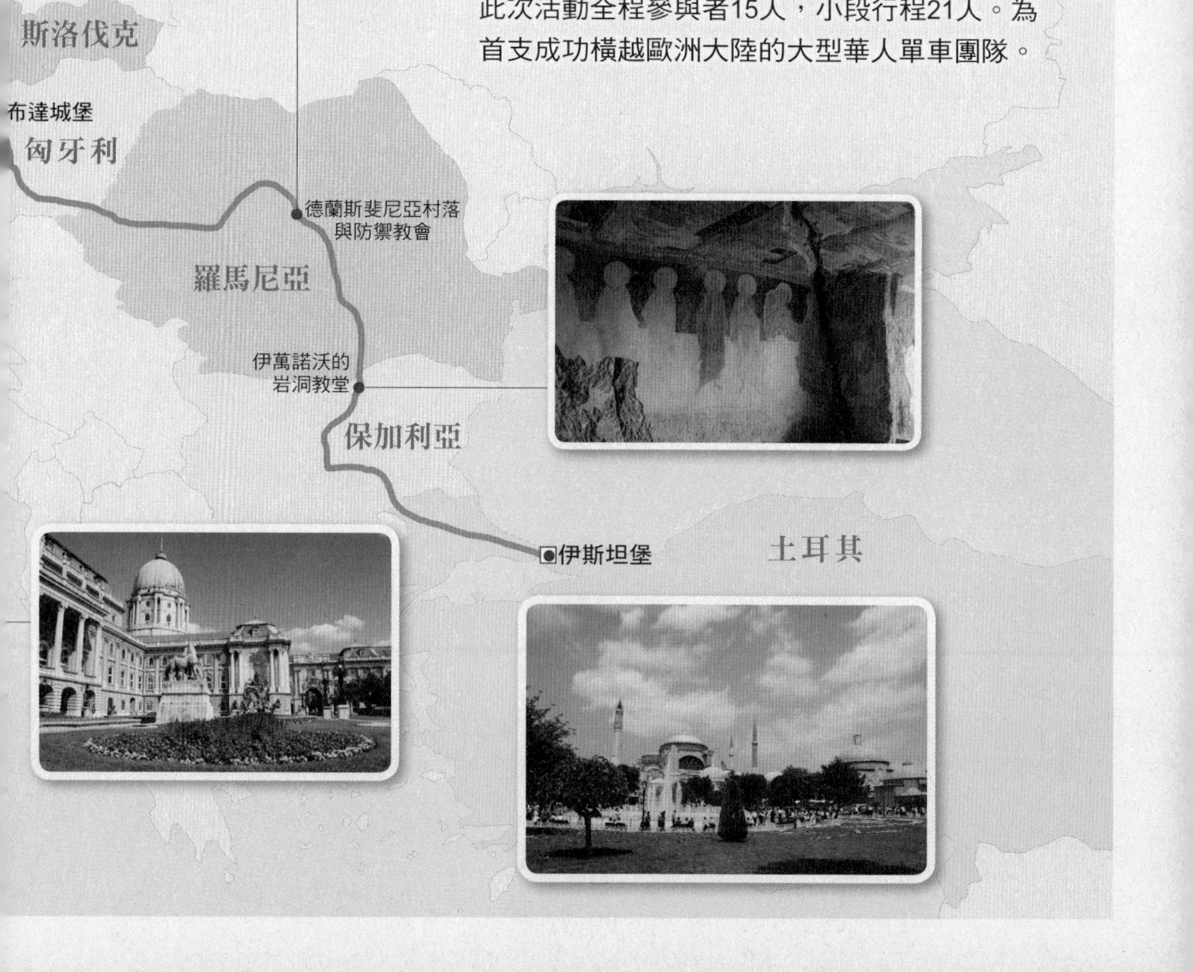

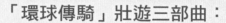

Map of World with Countries and US, Canadian and Australian States - Multicolor by FreeVectorMaps.com

臺灣單車隊橫越歐洲

二〇一三年「環球傳騎」歐洲段的行程公布後，獲得許多海內外華人朋友的關注和參與，全程參與的十五位車友平均年齡64歲，其中70歲以上的有三位，其餘各小段也有許多朋友熱烈響應，尤其第二小段（從奧地利維也納到法國史特拉斯堡）的參加人數爆滿且多人候補，包含多對父子檔和家庭，親子同行壯遊，更有香港朋友和上海臺商加入，整個團隊從維也納之後隊員多達三十多位，一路引起許多側目和好奇。

隊員中王維裕（72歲）、顏政治（68歲）、廖木旺（59歲）三位，從二〇一一年第一大段絲路中國段起連續三年參加；而行程中年紀最長的隊員——76歲的張永定是首次加入「環球傳騎」的行列。

此次由東到西橫越歐洲大陸十二個國家，行程中的自然環境、地理、氣候、人文、民族、飲食等景觀和文化多元且富變化性，白天騎車，傍晚逛古城、小城、古蹟的豐富行程，博得參與伙伴的一致讚許。

團隊從土耳其出發之後，沿途主要騎乘在鄉間和自行車道，也安排投宿在一些小城小鎮，讓隊員得以飽覽歐洲鄉間優美的風光，並深入體驗

年齡最長的76歲張永定騎行在保加利亞。

當地的鄉間景致。路途中雖然也曾發生隊員摔傷、緊急送醫的突發狀況，但在成員間互助合作、彼此協助下，隊伍得以克服沿途複雜的騎乘路線和環境，順利橫越歐洲大陸。

不老騎士——張永定

在「環球傳騎」的車友中，年紀最長的是生於一九三八年的張永定，大家都稱他為「永定阿公」。年輕時就喜歡運動的他，在臺灣爬過八十幾座大山，也曾到尼泊爾、日本旅行。二〇〇八年，在朋友「騎單車環島」的提議下，他買了輛自行車開始練習，三個月後完成環島時，他已年滿70歲。樂觀又健康的永定阿公說：「年齡不是問題。現在不

歐洲單車騎行注意事項

❶本段路線行經的歐洲國家，駕駛方向為靠右駕駛（與臺灣相同）。

❷當地的時速是以公里計算。城鎮一般速限約五十公里，高速公路一百一十～一百二十公里，二級或三級公路一般為八十公里。

❸匈牙利、德國、荷蘭等國家，部分國道或主要公路不能騎乘單車，必須騎乘鄉道、自行車路線和單車道，因此會穿梭在城鄉小鎮之間，路線也變得較為複雜，加上歐洲的路彎彎曲曲、分岔極多，都是穿巷走弄的小路，很少有筆直的大路，這在路線安排方面形成很大的難度挑戰；在歐洲騎車最怕迷路，而車隊人數較多，一旦一個路口有錯誤，後面一票隊員也都錯了，因此需要站崗、串連的地方很多，導致的結果就是騎乘路線的規畫、安排非常複雜。在此情況下，以下兩點特別重要：

a.須有事先詳細而清楚的路線規畫，加上領隊的GPS定位做輔助。

b.團隊默契。隊員自發在每個路口輪流站崗指路，協助團隊順利無誤前進。

❹注意避免由於體力透支、過度勞累或分心導致單車失控而造成意外。

❺如果發生迷路、走錯路或和主隊伍分散的情況，應立即停止前進。如有攜帶下載定位座標APP的智慧型手機，應將現場座標以簡訊方式傳給工作人員，就能確定所在位置，然後在原地等待，工作人員會來找到你。

❻由於大部分騎乘路線為路面較窄的道路或自行車路線，所以支援巴士無法跟隨車

匈牙利主要公路不能騎乘單車。

隊行進，而且歐洲的司機有工作時數的限制，無法從早到晚跟隨車隊，往往需要和司機約定在有停車場或景點的地區會合。

❼歐洲國家普遍都有設置一些自行車道，荷蘭的自行車道路更是普及，有許多路網及路線，大部分路口有指標牌，部分路線並出版有自行車道地圖。如果備有自行車道地圖，騎乘時比較不容易迷路；如果沒有地圖，就要先知道沿途行經的鄉鎮地方名，再依照指標牌找路。

❽歐洲民眾較重視用路權，各式交通工具要各行其道；如有設置自行車道的道路，就要騎乘在自行車道上，避免被不爽的駕駛狂按喇叭抗議，或被後方呼嘯而過的車輛超車。

❾市鎮內的人行道，有些僅供行人專用，自行車就要騎在道路上；可以共用的會有行人及自行車的標誌牌。

❿設置在道路旁的自行車專用道，有些路面不平並有高低坡坎，通過時極易摔車，騎乘時要特別注意。

⓫德國的自行車道和路線有些是泥石路面，騎起來難度較高，也須特別注意安全。

⓬進入圓環路口時，要先讓圓環內行駛的車輛通過之後才可進入。

⓭方便的問題：在歐洲上廁所是一件難事，許多地方都沒有公共廁所，如要向店家借廁所，可能要消費後才可以使用，如一些麥當勞的廁所需要有密碼才能進入，有些密碼就寫在收據上。在鄉間地區騎車時如果需要方便，不妨找個掩蔽的樹叢後方解決，這樣容易得多，但也要注意避免在住屋周圍或附近。

奧地利自行車道指標。

做，以後只會後悔。」單車環島後，他又參加福州到北京的單車騎行，二〇一三年開始參加「環球傳騎」，實現騎遍全球的夢想。

當初打算參加歐洲段行程時，由於不曾出國旅行那麼久的時間，家人也擔心出國一趟就是一個半月，體力能否負荷？飲食是否能適應？會不會有危險？……但永定阿公還是決定勇敢逐夢，家人最後轉而支持，並鼓勵他圓夢。而事實也證明，只要勇敢地踏出第一步，許多行前所擔心的問題自然都會迎刃而解。

永定阿公在參加活動之前，自己從鶯歌家裡騎車到龍潭找我詢問，讓我看到他的體力和能力，讓我安心；阿公說，以前出國都不超過十天，主要是登山、騎自行車，從來不曾出國那麼久。他親自來找我了解詳細內容之後，就決定參加。然後他去問朋友，想找伴一起參加，但沒找到人同行，一來時間太長，二來沒有包午、晚餐，覺得很不方便，所以一開始他最擔心吃的問題。我說，反正我們也要吃，你就跟著我一起吃好了。歐洲段之後愈來愈順，沒有問題。阿公身體真的很棒。

在歐洲騎單車時，行經德國、法國鄉下，大部分是丘陵地，阿公說，騎起來有點吃力，但還可以應付，畢竟從年輕起就愛好運動，即使已76歲，體能還維持得很不錯。

德國黑森林的百年家庭餐廳，和老闆一家人合照留念。

在法國的最後一天，「我們騎行往布魯塞爾歐洲議會所在的那條自行車道，長約四十公里。這條自行道騎起來真的很舒服，旁邊是運河，車道兩側都是大樹，運河兩側也都是大樹……那四十公里是在歐洲騎得最輕鬆愉快、景色最美的一段路。」

在德國黑森林的騎行經驗也讓永定阿公回味無窮：「路兩邊都是森林，很有特色。那條路是登山健行的路線，很少有人開車到達。中午我們一票三十幾個人在森林裡的百年餐廳吃飯，那是一家家庭餐廳，老闆一家人很和善，頭一次同時湧進這麼多客人，把整個餐廳占滿了，老闆很高興，一邊吹口哨一邊做飯，老闆娘當招待，老闆的爸爸坐櫃臺。那一餐我們吃得很高興，有些人吃

麵條，有些人吃豬腳、鱒魚……用完餐我們躺在餐廳外的草坪上休息，享受這美好的一餐和美麗的景致，還和老闆一家人合照留念。」

德國郊區的自行車道和有些先進國家不同，「德國人建自行車道，盡量用原始、自然的方式保留道路，不用柏油或PU，就地取材，用黃土、碎石或鵝卵石。其實德國不是沒有錢建很現代化的車道，是他們重視環保，注重呈現自然原態。也因此在德國騎車要特別小心，由於

路面不是那麼平坦，不像比利時、荷蘭的自行車道，不是柏油就是PU路面。」有的車友在德國騎得很生氣，因為路面顛簸不平，很難騎，三、四十公里都是石子路，騎到要瘋了，還有人騎到哭……

「其實這正是所謂的『先進』，」永定阿公說：「德國自行車道的概念和荷蘭不一樣，不是用來通勤的，而是讓你運動、充分感受自然的。」

出國騎車旅行，也讓永定阿公體會到「當明星」的滋味。「在羅馬尼亞的

德國巴伐利亞的三個皇宮

19世紀巴伐利亞的國王路德維希二世（Ludwig II）個性孤僻，追求與世隔絕的寧靜，畢生致力於實現神話般的夢想，耗費大量皇室資金建築了三座夢幻城堡：一是位於福森的新天鵝堡（Neuschwanstein）——著名的迪士尼動畫《白雪公主》所居住的城堡，就是依此為藍圖。路德維希二世是為世人所熟知的茜茜公主的表弟，據說他一直暗戀茜茜公主，在他入住尚未完工的新城堡時，茜茜公主送他一隻瓷製的天鵝表示祝賀，於是他就將此城堡命名為「新天鵝堡」。

二是模仿凡爾賽宮的小特里亞農宮（Petit Trianon）而建造的林德霍夫堡（Linderhof）。

三是造價最高、完整模仿凡爾賽宮、建於男人島（Herreninsel）上的赫蓮基姆湖宮（Herrenchiemsee）。

德國的行程特別將巴伐利亞的童話國王路德維希二世所建造的三座知名城堡皇宮全都網羅至路線中，包含新天鵝堡（前頁）、林德霍夫堡（右）、赫蓮基姆湖宮（左）。

什麼叫「先進」？

之前就曾到歐洲騎車的佐翰說：「以前我去德國曾經經過那裡的自行車道，一看，哇！這根本不能騎，路肩很小，汽車速度超快。荷蘭的自行車道都是直線，德國的自行車道是S形，不斷進山、出山、進山、出山……很容易迷路，這要怎麼騎？」二○一三年佐翰是「環球傳騎」歐洲段行程的領隊之一，「因為是團體行程，就硬著頭皮騎。」結果騎完之後感覺：「哇，精彩，超夢幻。」

「歐洲風景太美了，世外桃源。去了歐洲才會發現生活的另一種可能性。對於整個自然環境的保存，他們確實有很厲害的地方。」佐翰記得第一次去英國時的震撼，「大家都說英

德國單車路線，部分的路況是泥石土路

國是工業先進國家，沒去過以前很難想像什麼是『工業先進國家』，去了一看：根本就是鄉下嘛！農田、鄉村……沒想到，這才叫『先進』。」其實騎腳踏車的樂趣也就在於遠離城市、體會大自然與鄉村之美。

運河上的升降橋。

第二天，我們過境，在一個加油站準備卸車，遇到一車來自臺灣的遊客，他們到東歐旅遊，看到我們臺灣來的一群車友，要在歐洲騎腳踏車44天，他們很驚喜，搶著跟我們合照；當他們知道全團裡我年紀最大時，很多太太拉著我、跟我照相……這輩子第一次當主角，喔，心裡很高興！沒想到年紀這麼大了還有這麼多太太搶著要和我合照。」阿公笑呵呵地說：「還有一次，遇到兩個臺灣家庭到歐洲自助旅行，他們在德國法蘭克福租車出發，在奧地利遇到我們，異鄉遇同胞特別高興，我們一起吃披薩、聊天，聽說我76歲還騎車環遊世界，也是搶著和我合照。」

永定阿公親身演示了「年齡不是問題。很多事現在不做，以後只會後悔」的至理名言。而之所以喜歡單車環球的方式，阿公說：「這不像一般的旅遊，比較有深度；除了感受各地不同的地域風情，在這個過程中，不知不覺心胸會更開闊，看事情的角度會變寬。」

多瑙河畔偶遇天體營

二〇一三年的歐洲行有一個小插曲：在維也納多瑙河畔，車隊乍然偶

經過天體營的鐵橋。

遇天體營。

那天，車隊離開匈牙利，要進入奧地利，我們從東南方進入維也納，旅館在維也納西邊。我們找到最好的一條路是沿著多瑙河的自行車道騎，再接平面道路。前幾天正逢多瑙河淹大水，車隊騎行那天雖然水已經退、出太陽了，但還沒完全乾，蚊子非常多，於是大家一路騎，沒有休息，一直騎了約四十公里才遇到一家可以停下來休息一下的小店，在堤防外，大家停車休息一下，喝啤酒、飲料，吃點東西，然後再上路。

再騎就是下午了，騎著騎著，快進入維也納時，剛開始沒有發覺，只是約略感覺周邊的景色怪怪的，

和平常看慣的不一樣……仔細一看，果然不一樣，那些人都是光溜溜的！不期而遇，突然發現多瑙河兩岸很多人裸體在那裡日光浴、裸泳，男女都有。當地導遊還感到奇怪，說：「怎麼已經開始了？」他說多瑙河邊的天體營每年有固定的開放時間，一般是在七、八月時。

以前在國外的海邊、沙灘看到過天體營，這次是第一次在河邊看到。那時我們剛好要過一座鐵橋，也不知道那裡就是天體營，我們牽車過去，在多瑙河邊天體日光浴的人有的也從橋上走過來，全身光溜溜的，車友說：「把我們嚇一跳……」

大家很高興，心想「卯到了」，遇到天體營！有時候特地要找天體營都未必好找，就算找到了，進去了也不好意思仔細看。這樣不期而遇、剛好經過最好了！而且我們是騎車經過，看也看得正大光明，再加上大家騎車都戴著太陽眼鏡，別人也看不到我們的眼神，正是大飽眼福的好機會。天體營那段路大約有兩、三公里，剛好那裡有一座鐵橋，大家牽車過鐵橋，正好走近一點慢慢看，可以很正經地偷瞄。

仔細一看，美夢落空，幾乎都是老年人，看了半天，沒正妹也沒辣妹，大多是夫妻、男女朋友。下橋一看，見怪不怪，整個河濱都是。但這次看到的都是年紀比較長的，想找一個年輕的都找不到。車友嘉鴻眼尖，發現一組年輕的，三、四個人，有男有女，他特別在那裡幫我照相，把那幾個天體年輕人收進畫面當背景，笑說：「這一張比較有價值。」

休息時大家興奮地議論著：「看到了？」「看到了！」「哎呀，衣服都縐縐的。」「外國人的身材啊，不怎麼樣。」「嗯，還是自己的身材比較好……」說說笑笑之餘，也有車友說：「這個經驗還是讓人感到很震撼。為什麼人家可以這樣，在河邊裸體曬太陽，那麼自在，那麼舒服，我們就不會這樣？」

東歐正妹看過來

把妹高手佐翰，車友公認他認識新朋友的哈啦功夫一流，行程中逛古城、逛街的時候如果遇到正妹，往往他人就不見了——去執行他周遊世界結識新朋友的計畫去了。雖然佐翰自稱交朋友不

多瑙河畔偶遇天體營。

分男女，但多名車友指證「他只找正妹」。「他都拿著自己的名片去跟人家認識，介紹他在世界各國交朋友的計畫，幫對方取中文名字，寫在他名片的背面，送給人家，然後拍照。名片上有他的FB網址，他會告訴對方，晚上上他的FB，就可以看到自己的照片了。」

「我們都有英文名字，為什麼外國人沒有中文名字？如果他們也有一個中文名字，一定會很開心的。時代不一樣了，現在每個人都應該要有一個中文名字。」佐翰說：「主要是我們在旅行時一直受到別人的幫助，又不能送給對方什麼，幫他／她取一個中文名字，對方會很開心，又不需要我們花什麼成本，不是很好嗎？」至於為什麼都找正妹？答案很簡單，「因為我是男生，而且還是年輕的男生。」

佐翰是單車旅行愛好者，在臺北有自己兩家單車吧，曾參與「環球傳騎」中亞段，也是歐

佐翰認識外國正妹的手法。

洲段的領隊。到目前為止，佐翰已發出六百多張名片，幫幾百個外國女孩取了中文名字，克莉絲汀、亞妮克、桑塔妮……二〇一三年我們騎經佐翰前一年曾騎過、宿夜的法國小鎮酒吧餐廳，老闆夫婦還記得他；後來到盧森堡也經過他前一年曾去過的酒吧，進去還遇到前一年他來時認識的那幾個朋友……很有意思。

在旅途中遇到正妹，如何前去搭訕、攀談，如何認識對方？佐翰大方公開遇到正妹的標準作業流程：「首先要對她有感覺，然後你要表達誠意，發自內心地想要認識她。可以先問幾句，也可以拿名片給她，介紹說我在FB上有一個活動，要認識各國的朋友……」車友點評：「他這招不但要到對方的名字、照片，還把她連上自己的FB。」

另外，「像我在臺灣不抽菸的，在歐洲我們買捲菸，請正妹幫你捲，也請她抽菸，她會很開

佐翰和歐洲正妹。

心，因為歐洲菸很貴。歐洲很多女生都抽菸。」認識正妹是需要條件的，車友呂嘉鴻說：「遇到正妹我們怎麼做？我們都看他表演。通常每天騎完車、逛完都很累了，沒力氣再做別的事。佐翰不一樣。有好幾天他都睡在夜店外面騎樓下。」

取中文名字、給名片只是一個開頭，真正要建立關係還需要時間，需要一些後續發展，「我準備了八個問題，如果她願意和我坐下來喝一杯聊聊的話，我們可以慢慢深談。」這八個問題來自艾倫・狄波頓《旅行的藝術》一書，依序是：1.職業，工作。2.在哪裡出生？國籍。3.姓名。4.此時此刻在想些什麼？5.生活中有什麼遺憾？6.祈求（希望、願望）是什麼？7.曾有過怎樣的戀情？8.現在的夢想指向何方？……「光前面幾個問題就可以聊無限久，譬如姓名就可以聊她爸媽、祖父母，他們現在在哪裡？做什麼？有什麼故事？……等等。」當然過程中還要視狀況、感覺的變化而隨機應變，彈性靈活運用。

施展這套把妹術，通常對方都會答應，但西歐的正妹比較不好把，到西歐佐翰就開始被打槍、吃不太開了，很多女生都不答應。印象最深的是有一次，一個正妹和媽媽在一起，佐翰上前搭訕說完，正妹還在遲疑，媽媽很果斷地說：「No, No!」佐翰連忙解釋：「我不是壞人，

評點各國正妹

哪裡的妹最正？男車友們大多認為「東歐的女孩最正，個頭、身形剛剛好，不像北歐那麼壯實。東歐裡保加利亞的妹最正，最漂亮」。

問「把妹高手」佐翰，什麼地方的妹最正？「伊朗的不錯，比利時也不錯……」他一邊看著照片一邊說：「夢幻，烏茲別克太夢幻了！在餐廳裡女孩會主動請你跳舞，她爸媽都在旁邊看，爸媽把女兒推出去和外國人跳舞，Oh my God……」

佐翰的口頭禪是「太夢幻了」，因此被一名女車友暱稱為「夢幻男」，「夢幻男幻想超多，就是他提出單車環球殯葬業的點子，最近他又發現新商機：與日本AV女優簽約，組臺灣宅男團和心儀女優拍A片。大伙問：你不會要一直示範吧？夢幻男說：『一定要啊。你們不覺得，這可以當一生的志業嗎？』男人們開始同流合污，『我會剪輯』『我會配樂』『我會當觀眾』……求主憐憫下半身思考的人。」

荷蘭正妹。

羅馬尼亞正妹。

這只是一個活動，不會有什麼問題的……」媽媽還是不同意：「No, No!」

說到認識正妹的困難，「很少被打槍啦！」佐翰說：「其實被打槍就被打槍，這也是很正常的事情，還好啦，不要太介意。有時候你要幫對方取中文名字，對方也會懷疑你是不是要來騙錢的？你還要跟對方說：「Free, for free!」有時這樣一強調，更像是騙錢的……到了西歐比較常被打槍，我覺得和人際關係愈來愈疏離、人與人之間比較缺乏信任有關。有一次我去愛爾蘭，那裡的人就說，以前大家很窮的時候彼此守望相助、感情融洽，有了錢以後反而就害怕，彼此防範。」

有一次在伊朗，「那裡的小孩很可惡，趁你不注意拿走你的拖鞋，你去追又追不到。有一天晚上我們去遊樂園玩，因為那時是齋戒月，人們白天睡覺，晚上遊樂園開通宵。我們入園之前一直遭到可惡小男孩的惡作劇，他們趁你不注意打你的頭，你一轉頭他一溜煙跑掉，過了一會兒又趁你不備打你的頭……一群小流氓。雖然旁邊的大人就要打他們，可是他們被趕走一下子又回來。」這時有兩個伊朗女生出現了，拉著佐翰幾個人說：「走這裡，走這裡！」她們的親戚也在，因為在伊朗女生是不能單獨出門的。「她們請我們去遊樂園裡玩，太夢幻了。分手之前我們互留電話，我已經回到旅館了，她們還打電話來問：『明天可以到我家作客嗎？』她們超熱情的。我說不行，明天我們團隊要出發了。」

叫他第一名——中風騎士鄭秀雄

在「環球傳騎」絲路中國段、歐洲段及美國段的三大段行程中，總會有一個人永遠騎在最後面，他就是大家口中的「秀雄大哥」。

秀雄兄年近七十，從事金屬製造業，喜歡騎車旅行，但讓許多人意外、敬佩的是：他是中風患者。車友清霖說：「秀雄原本只有小學畢業學歷，他說他非常感謝蔣經國先生的德政，當年他在屏東當兵，隨營補習，可以追認學歷，他非常認真，在軍中讀完初中，後來又自學讀完高中，很厲害。到現在他出國都常常在背英文單字。」

二〇一一年三、四月間，秀雄中風，五月才出

總是堅持到最後的鄭秀雄。

院，七月「環球傳騎」第一大段絲路中國段開騎，他要參加，他認為自己中風後的復健要靠騎自行車，原本他的家人是不同意他參加的，他說：「我喜歡騎車，而且有好多福京團的老朋友參加，我們有很好的交情、有共同的話題。就算有萬一，我寧願在做自己喜歡做的事情時掛掉，而不是在家裡被人管東管西、念東念西中等死。」

也有很多人問我，為什麼敢讓一個中風患者來參加這樣的活動？不是我說他可以參加，是醫生說他可以參加。既然醫生說可以，他自己本人又有很強的意願，身為主辦單位的我們當然樂於助他圓夢——每一個勇敢用自己的力量踩踏前進、快樂實踐夢想的人，都應該得到支持。

二〇一四年美國段行程，我的妻子翠華也隨行，是隨隊工作人員之一，她對秀雄兄印象非常深刻：「這次美國行，對人的生命力有許多新的認識，也很感動；像中風的秀雄大哥，他每踩一步都很辛苦，但他堅持到最後。」

秀雄從騎車的第一個動作「跨到單車上」就和別人不一樣：要先把腳踏車放斜，一隻腳先跨過去，再把腳踏車牽正，人兩腳站地，然後才開始騎車。下車時也是這樣。車友呂嘉鴻說：「他不希望別人幫他太多、不想麻煩別人，所以他每次上下車，我們只是幫他扶住車、把車固定，

車友鄭秀雄（前）。

他自己就能移動身體，把另一隻腿跨上或跨下，我們不會去牽他、扶他。」

美國段有一位新加入的車友小鳳，之前沒有騎過腳踏車旅行，女兒鼓勵她「這種活動妳一輩子可能只會參加一次」，於是她勇敢地和朋友一起報名參加了。剛開始騎就滑倒，前幾天都不會變速，她還是努力騎。「有一次一個爬坡她騎不上去，上了我們支援車，我們車先開到坡上去等。秀雄大哥騎在最後，等到秀雄大哥騎上來時，小鳳放聲大哭……」為什麼呢？「也許是因為自己沒做到，但看到比自己條件還差、還辛苦的人做到了，很感動吧?!」

「天天看著秀雄大哥騎車，那種生命力的強韌，完成自己的夢想、堅持自己信念的精神……」此行沒有騎車的翠華說：「有時候看他們上坡真是滿感動的，那種拚搏、努力的精神……我想，體能是可以訓練的，更多的應該是意志力。沿途風景當然美，不在話下，但我覺得外在的景觀還是陪襯，最令我感動的還是人，回來之後印象最深的也是人。

「聽說秀雄大哥因為中風過，他在家時家人不准他吃這吃那、不讓他做這做那，他說：『我死都要死在路上！』他還說：『我若沒死，明年再來參加。』他照樣大塊吃牛排，好過癮！不過他

暢飲啤酒、葡萄酒

在歐洲騎單車最過癮的就是休息時來杯冰涼的啤酒。初進保加利亞的商店，在飲料冰櫃中，驚見兩公升的大寶特瓶，竟然是啤酒！買一瓶自己獨享會太多，大家一起喝才爽快。

一路上各地有不同種類、口味的白啤酒、黑啤酒、果香啤酒、修道院啤酒……有些餐廳也供應自產啤酒。奧地利境內就有三百六十多種啤酒；而德國人被稱為「喝啤酒的民族」，德國啤酒舉世聞名。

此行我們行經以生產白葡萄酒聞名的法國阿爾薩斯，這裡生產的葡萄酒都是法定產區（AOC）酒——只有通過在葡萄品種、最低酒精含量、最高產量、培植模式、修剪及釀酒方法等方面的官方嚴格檢測標準，才能獲得AOC證書，可謂法蘭西葡萄酒的最高等級。

保加利亞的商店，在飲料冰櫃中，驚見2公升的大寶特瓶裝啤酒。

都吃不完，都是我兒子接手。」

美國段第二小段的車友美璋說：「在他們身上看到一種生命力、毅力，真的令人感動。」美璋的女兒、念高中的家蓉說：「阿公他們都很有幽默感。記得騎到最後一天時，秀雄阿公請大家吃東西，我們問說：這樣你自己夠嗎？他說：沒關係，『我媽』會幫我準備。我們都聽不懂，什麼意思？原來——『我媽』是『Wal-Mart』。不夠去沃爾瑪超市買就好了。」

車友羅仕東說：「大家都說我騎車技術很好，我覺得最了不起的是秀雄，他的身體最不方便，總是騎在最後。我曾經陪他騎過

回憶二〇一三年的歐洲單車行，永定阿公有很多難忘的回憶：「在土耳其的第二天，我們到一個邊界小鎮參觀一座大教堂，之後下來到一家小餐館吃炸牛肝，非常美味。為了使美食更出色，我們去小店買了啤酒，沒想到回教國家在公開場合是不能喝酒的，店員跟我們說不可以喝酒，可是我們都已經買了，怎麼辦？因為我們是外國人，店家對我們也不是太嚴厲，店員說：你們不要把啤酒瓶放在桌上就好。所以我們就把啤酒瓶放在桌腳下，拿起來喝一口再放下去。」

德國黑啤酒（上）。
修道院啤酒（左）。

好幾次，知道騎在最後的人的感受：騎在前面的人總是騎到一個高點會停下來休息，等後面的伙伴都上來了再接著往前騎。每次等他騎到了，大家都說：『喔，來了來了來了……』然後繼續往前騎，他當然也跟著騎，都沒有休息，因為自己騎得慢，他也盡量不要讓別人等他太久，就是盡力騎，不敢停下來。一個月下來，他說：『我的照相機是從來沒有充過電的，因為我根本沒有時間停下來拍照。』雖然騎得很辛苦，但後來他是騎得愈來愈好。我覺得他是最厲害、最棒的。」

車友高金葉說：「每天中午吃飯時，秀雄只要拿一個碗、一雙筷子，大家就會把食物放到他的碗裡……他很不好意思，他說大家都很照顧他，所以如果有時在餐廳吃飯，他就會搶著付錢買單，回請伙伴們。」

吉普賽人初印象

說到羅馬尼亞，許多人大概都不太認識；說到吉普賽人，大家多年來從西方電影裡得到一個模糊的印象：吉普賽人似乎沒有固定的居處，四處流浪、遷徙，他們披著長圍巾，有種神秘氣質，水晶球，占卜，偷搶拐騙……早期我們對羅馬尼亞的印象都不太好，那裡吉普賽人多，比較亂，比較危險一點。我們的地陪導遊在維也納時也很擔心我們在羅馬尼亞這一段會不會有什麼情況？結果去了之後很輕鬆愉快，其實沒有什麼壓力，原本以為可能治安不好、小偷多，我們經過很多鄉間的吉普賽村落，其實都很好。

好幾次我們騎經鄉間村落時，發現村子裡很多婦女、小孩都坐在路邊，就坐在那裡看，不知道在等什麼……後來才知道，他們在等著看我們車隊騎過去！我跟我們巴士車的司機討論：為什麼這些村民們知道我們會騎經這裡？討論的結果是，在那樣的鄉下地方，一定很少有一群人從外地來，而且還是騎腳踏車，他們一定很好奇，這樣的景象也是很奇特、少有的，於是之前看到車隊經過的村民們不知道用什麼方法通知了後面村子的村民們，然後一傳十、十傳百，村民們都跑出來坐在路邊等著看熱鬧。

這個消息還一直往後傳到後面的村落，我們在保加利亞的鄉間也遇到這樣的情形。那裡的人們好奇，但民風保守，他們只是看，不會來跟我們說話、互動。

車隊在羅馬尼亞鄉間騎經的村子是具有防禦功能的「防禦村」，過去東歐這些村落間不時發生搶劫事件，因此形成防禦性村落，就像一個小

PAINE
ALBĂ
PE VATRĂ

堡壘，讓外侮無法直攻而入。這樣的防禦村不但有一套自己的聯絡方式和管道，房屋的門都背向馬路，也看不見窗戶，但那裡的人們很和善。

有一次我們碰到下雨，有一位吉普賽年輕太太看我們沒地方躲雨，就開門讓我們進庭院躲雨。這位吉普賽太太還一直要車友們進去屋裡避雨，車友們感念她的好意，但不好意思進去，怕把人家的屋裡弄髒了。這個善意的舉動，讓車友們對吉普賽民族留下了好印象，一般我們對吉普賽人的印象都不太好，但下大雨我們想找地方避雨時是吉普賽人開門讓我們進去躲雨。

吉普賽人的穿著通常是包著頭巾，穿長裙，顏色鮮豔，他們沒有相機，很少照相，都很喜歡拍照，車友為這位善良的吉普賽太太一家人拍照、留下地址，回臺灣後把照片沖洗出來後再寄給他們。

但村子和村子、人和人顯然都有不同，我們也曾經經過另一個吉普賽村，那個地方就缺乏教育，幾個男孩女孩像路霸一樣跟我們討東西，我們沒有停繼續往前騎，那些小孩就追著用石頭砸我們……世界上的事往往如此，很難一概而論，都是有好有壞，看你遇到的是什麼。

其實，旅行就是如此——無法完全掌控將會遇到的人與事。沒有絕對的好，也沒有絕對的壞。一切都是經歷。

羅馬尼亞鄉間沿途吉普賽聚落的孩子和村民。

熟齡夫妻遊世界——劉清霖、高金葉

他們倆同樣生於一九五〇年，都是文化大學的校友，還有同樣的興趣——喜歡旅遊。劉清霖和高金葉夫婦，足跡及於全球五十多個國家，最遠到過南極。「我們倆從四十歲開始旅行。從小念書讀中國地理、中國歷史，都沒有親眼看見過，一開始開放中國大陸旅行我們就去，前後去了起碼五十趟。」歷史、地理課本上讀到過的地方都想去看一看，後來兩人把旅行和腳踏車結合起來，「是另外一種樂趣。」夫妻倆愛拍照，周遊各地，留下許多照片，高金葉說：「我喜歡把每一次旅行的照片整理成一本又一本的相冊，在照片旁邊寫些字句，就成為最好的紀念。」他們臺南海邊的房子裡，二樓右邊的房間整面牆擺滿了相簿。

對劉清霖、高金葉夫婦而言，四十歲是人生的一道分水嶺。四十歲前，他們努力工作、勤儉節約，捨不得花錢；四十歲之後，他們開始到處旅遊、享受生命……到現在，他們活得開心而健康，有很多好朋友，不時一起去騎腳踏車、旅行，笑口常開，聲如洪鐘。

夫妻倆是文化大學校友，大一時即相識、相戀，婚後高金葉在國中教了三年書，生了孩子之後就在家相夫教子，三個孩子都自己帶，另一方面幫忙先生的營造業工作。

「我們那個年代的人都很窮，我和姐姐考上大學沒錢念書，爸爸向別人借錢讓我們念書。借錢要還利息，後來還不起，就把房子賣了還債。」高金葉說：「當時我爸向親戚借錢，對方罵他：『浪費錢！讓女兒念書，以後她嫁人就是別人的，賺了錢你也花不到。沒錢就不要讓她念！』我爸爸自己也是因為窮，從小沒有讀書，他的觀念好，他說：『只要妳們能讀書，我再怎麼拚也會供妳們讀書。』」

「她們家還有房子可賣，我們家沒有。」劉清霖說：「我從出生到長大，沒有買房子的觀念。我以為全世界人都是租房子住。從我有記憶以來搬過十四次家，結婚之後就搬了九次。」高金葉說：「搬到我的身分證後面都寫滿了，戶政人員說：我還得給妳貼一張紙才寫得下。我感到很羞赧……我們結婚時也是借錢

劉清霖和高金葉夫婦。

結的婚。」由於這些，夫妻倆非常節儉，尤其是高金葉，「從來不會在外面買飲料喝，即使很渴，我也一定要回家喝水；每天只要穿一件短褲、一件T恤就可以出門了，我不買衣服。」

由於曾經當過老師，女兒同學的家長找高金葉為孩子補習功課，無心插柳，效果很好，口耳相傳，生意興隆，收入頗豐。直到一九九一年，「那天我在上課，我支著肘看學生寫作業，突然摸到臉頰邊有一顆大大的不明突起物，我嚇了一跳：會不會是癌？……又想：命都要沒了，還賺什麼錢？」她把課都停了，每天跑醫院檢查，「檢查結果出來之前，我每天晚上躺在床上哭，我才四十歲就走了，孩子怎麼辦？以前吃了那麼多苦，現在經濟稍微好轉了，我就要走了？……真的很不甘心。」

檢查結果出來，還好不是癌，「醫生要我停止工作，放輕鬆，不用吃藥也不必打針，後來真的就好了。」高金葉說：「這件事讓我想了很多，看開了。以前那麼節省、那麼打拚，如果就這麼死了，不是都白費了！從今天開始，我要對自己好一點！」她開始買衣服，開始跟先生、家人出國旅行。

劉清霖說：「我那時做事業被人倒了很多錢，常常銀行跑三點半，真的很氣苦，我對上天說：我不賭、也不酒，我很認真，為什麼對我這樣？為什麼我賺的錢都給別人花？」「與其給人家用，不如自己用！」夫妻倆一拍即合，劉清霖把事業縮小，五十歲就差不多半退休，和妻子到處去旅行。

「以前我們那麼苦，什麼也沒有，現在有能力了，為什麼不去做自己想做的事、過想過的生活？財產不一定要留給孩子，因為我們來空空，父母也沒有給我們什麼財產，我們花的都是自己賺的，高興怎麼花就怎麼花。」夫妻倆曾跟孩子說：「爸爸媽媽那麼喜歡旅行，以後錢不夠了，可能會把房子賣了去旅行喔！」孩子們說：「那是你們賺的，你們拿去用啊！」

騎腳踏車是劉清霖先開始的，「原本我以為騎車很簡單，因為從小我們都騎單車上下學、送貨嘛。」二〇〇九年他想去騎車環島，找妻子同行，妻子說：「就騎這種菜市場車去環島？肖仔，這怎麼爬坡？」她不去。

劉清霖自己報名了單車環島行程。「從來沒騎車旅行過，累死了！從小住嘉南平原，都沒有山，爬過最高的就是陸橋。」回來後他跟妻子說：「我不知道環島要爬山。爬山好喘、好累、好辛苦，我都爬不上去……」把高金葉笑得要死。雖然辛苦，「但我蠻厲害的喔，我們從臺北出發，第一個就是到桃園那個迴龍坡，有三個人就掛了，我沒有掛；之後是平路很好騎。到楓港要爬坡，我很緊張，騎到落鍊，肌肉拉傷，我還是騎上去了。再到花蓮，那時我真的有點想打退堂鼓了，又有點感冒，很掙扎，最後還是騎了。蘇花很累，很喘，我也不太會騎，不得要領，完全憑蠻力。到了宜蘭，要騎北宜，那才累哪！一上去連續十二公里爬坡山路……」就這樣環島回來。

次年（二〇一〇年）劉清霖又參加了從福州騎到北

京，漸漸地，一次比一次更有信心，愈來愈愛上騎車旅行，到後來「覺得每次騎回來身體覺得很舒服，也知道騎車是需要技術的，不斷學習、體會、調整。」

福京回來之後，劉清霖就一直鼓勵妻子也來騎，買了一輛小摺，帶著妻子慢慢教、慢慢騎，之後妻子也對騎車旅行愈來愈有興趣，二〇一三年參加「環球傳騎」的歐洲段，是夫妻倆頭一次到國外騎車旅行。

翻開高金葉整理的歐洲行相簿，扉頁上寫著：「人生要有一次壯舉才精彩，我與先生選擇單車歐洲壯遊，由土耳其騎到荷蘭，共騎行兩千四百公里。人活一輩子總希望自己的生命更有價值，終此一生了無遺憾，我們倆做到了！」

旅行的好處太多了，「接觸大自然，心胸變得廣闊。人們說少見多怪，見多了就不怪了。坦然面對事情，不鑽牛角尖，讓事物向真相的方向發展。」「運動的人一般就是這樣，因為接觸大自然，什麼都會放得下。人就是要放下，讓身心靈都健康。」對於騎車旅行，夫妻倆異口同聲說：「不但身體變得健康，心情愉快，人也年輕了，延年益壽。」

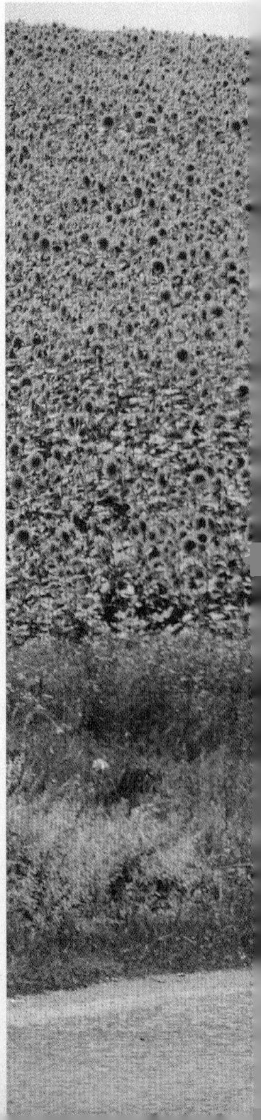

騎在保加利亞的向日葵山坡。

Part V

美國段

十五世紀末，哥倫布遠渡重洋發現新大陸。一六二〇年，一百餘名英國清教徒乘「五月花號」來到新大陸。一七八三年，美國贏得獨立戰爭，終結英國殖民的歷史，開始擁有自主獨立的經濟自由。一八八六年，法國送給美國「自由女神」像——她右手高舉火炬，左手書冊上標記著〈美國獨立宣言〉簽署日期（一七七六年7月4日），腳下是斷裂的鎖鏈，從此，這尊代表羅馬神話中自主神的女神塑像成為美利堅合眾國的象徵：自由，開放。這個新興的大國，對外來移民張開歡迎的臂膀，不知有多少勤奮而敢於夢想、實踐夢想的人們，在這塊土地上實現了「美國夢」。

富足、廣闊的美國，吸引著全世界的人們，橫掃全球的好萊塢電影，更讓世界的每一個角落都對美國有所認識、有所嚮往；對臺灣而言，在近代歷史的發展脈絡下，與遙遠的美國更有著絲縷不絕的牽連——似乎，她就在我們的生活中。

用自己的筋骨騎單車遊美國，更加深入了解這個從小伴我們長大的國家。美國的廣闊土地，令來自小島的車友們親身體會到「大國」的景象：一望無際的大牧場，黃色的玉米田，綠色的小麥田；挑戰四十幾度到零下一度的巨大溫差；尼加拉瀑布、羅斯摩爾山國家紀念公園、魔鬼塔國家紀念碑、黃石國家公園、冰河國家公園……

美國，豈能錯過。

「環球傳騎」壯遊四部曲：

美國段——華盛頓DC至西雅圖

日期：2014年8月2日～9月10日（共40天）

內容：自美國東岸的華盛頓DC出發，經馬里蘭、賓西法尼亞、紐約、俄亥俄、印第安納、伊利諾、威斯康辛、愛荷華、明尼蘇達、南達科他、懷俄明、蒙大拿、愛達荷、華盛頓等14個州，終點為華盛頓州的西雅圖，共6950公里路程 。

本大段行程又分為三小段：

1. 華盛頓DC—南達科他州蘇瀑
2. 南達科他州蘇瀑—蒙大拿州海倫娜
3. 蒙大拿州海倫娜—華盛頓州西雅圖

此次活動全程參與者18人，小段行程14人。

Map of United States of America with States - Multicolor by FreeVectorMaps.com

一家四口單車遊美國

環遊世界是每個人的夢想，而「全家人一起出國單車旅行」是媽媽陳美璋的夢想。二〇一四年暑假，她和丈夫、兒女參加「環球傳騎」美國第二小段的騎行，與最親愛的家人一同圓夢。

「我們家從女兒小學三年級起全家人一起騎腳踏車，那時我就想：等女兒小學畢業時，正好兒子國中畢業，全家一起去環島；等女兒國中畢業、兒子高中畢業時，全家一起去法國騎車。」二〇一〇年女兒小學畢業時，

一家四口騎車環島；二〇一三年女兒國中畢業的暑假原本要參加「環球傳騎」歐洲段的行程，因故未能成行，所以順延至二〇一四年騎美國段。「要完成這個夢想，最大的困難是全家人要調時間、請假十七天不容易。」陳美璋笑說：「孩子長大了，有自己的主見和生活，不像小時候那麼容易被安排了。」

二〇一四年7月是女兒高一升高二的暑假，兒子則是大一升大二，正好是活動最多的時候，剛開始父母宣布「暑假全家一起去美國騎車十七天」時，兒子的反應是：這樣我暑假的計畫就完全被打亂了！似乎不太樂意，但爸爸下了最後通牒：出發前一天必須回到家。

出發那天，在去機場的路上，女兒悄悄給爸媽看哥哥的FB，「難道我不可以對父母說『不』嗎？也許有人覺得我是身在福中不知福，但難道我沒有自己決定的權利嗎？……」父母才知道兒子心裡原來有那麼多牢騷、不滿。侯爸爸說：「兒

陳美璋一家人。

美國單車騎行注意事項

❶美國的駕駛方向是靠右駕駛（和臺灣不同）。

❷美國的時速是以英里（mile）計算，1英里大約為1.6公里。一般市區速限約25～35英里（40～56公里），高速公路為55～65英里（88～104公里），部分交通流量較少的公路速限有時也會高達50英里（80公里）。因公路又大又直、車速高，單車騎士要注意與車道保持安全距離。超車時要特別留意，有把握一下子就超過再超。盡量避免與其他車友聊天、並排騎車以降低危險性。

❸許多鄉間道路因車流量低、車速較快，因此路旁時常會看到一些被汽車撞死的小動物，如小鹿、浣熊、小刺蝟、松鼠、烏龜……等。

❹最好配備照後鏡，觀看後方來車情況。

❺沒有紅綠燈的路口一般都會有"Stop"的標誌，按照規定，看到這個標誌所有車輛（包括單車）都必須停下來，然後誰先到路口誰先行。剛開始我們不熟悉這個規定，往往見左右沒車就騎過去了，或是整個單車隊一起通過，就會有熱心守望相助的居民報告警長，警長就會開著警車來「關切」。

❻進入圓環路口時，要讓圓環內行駛的車輛通過之後才可進入。

❼在路中央外側畫著實線、內側黃虛線的中間車道，是讓要左右轉的車輛駛入轉彎用。

路旁被車撞死的小鹿。

❽無論紅燈或綠燈，右線車道都可以右轉，除非路口出現“No Turn on Red”的標誌，就表示紅燈不可右轉。

❾自行車道的標誌牌上有“BIKE ROUTE”字樣。

❿單車須騎行於公路的白線外側，不可騎進白線內側。

⓫此段行程路況大部分為柏油路面，但可能因修路或年久失修而有部分泥石或坑洞路面，行程中也會行經彎曲的上下坡越嶺路、連續的髮夾彎山路和交通流量較高的路段，須特別留意個人的騎乘技術、單車狀況和交通安全。

⓬此段全程行經地區，海拔最高為懷俄明州黃石公園的熊牙隘口（三千三百四十公尺），且行經的部分地區緯度較北，溫差較大，注意氣候變化，小心受寒、失溫。

美國有騎不完的上下起伏公路。

子那一篇ＦＢ只封鎖我一個人，不想讓我看到。」之所以排除萬難安排全家一起出國騎車，是因為「一家人一起騎車旅行真的很難得。平常雖然住在一起，可是各有各的事，大家都很忙，真要說說話、了解對方的機會很少；出去旅行就不一樣，一家人十幾天二十四小時都在一起，是一個深度相處、互動的機會，晚上在一個房間裡吃泡麵、聊天，那感覺很好。」孩子漸漸大了，感覺上「這也是能夠駕馭他們、要他們一起參加家庭活動的最後一次了。」媽媽說：「我其實沒想到他反應這麼大。我和先生已經商量好了，以後不會再安排他參加這樣的活動，而是改為邀請，參加與否讓孩子自己決定。」

第一天報到、會合，兒子的臉好臭，一臉不高興，所有人都感受到了，媽媽還特別私下拜託年輕伙伴去逗一下兒子。因為不開心，又很氣妹妹把他的ＦＢ給爸媽看，前兩天他都無精打采地騎在最後面，第三天隊友美玉老師激他：「我知道你為什麼騎這麼慢，因為體力最差的就是臺灣的大學生。」他就開始往前衝，之後都騎在前面，心情也一天比一天開朗。

雖然有這個小插曲，但「全家人一起騎車旅行，確實會使一家人更具有凝聚力。走路太慢，開車太快，只有騎腳踏車可以邊運動邊欣賞，把經歷的景致看在眼裡、看進心裡。而參加團隊活動，會認識來自各處、各式各樣的人，大家都心胸開朗，自動自發、彼此互助，感覺很愉快。運動也使人身心暢快。」

到美國的第二天晚上，一家四口出去吃晚餐，遇到一個有種族歧視的白人領班，「他對我們的態度不對勁。發現他是一個有種族歧視的人時，我其實蠻高興的，因為我的孩子從來沒有機會真正去體會什麼是『種族歧視』。」侯爸爸對孩子說：「你們可以特別觀察他對待我們的態度，和其他人對待我們的態度有什麼不同。」這是一次真實的體驗，也是騎車旅行過程中所包含的多元學習機會。

這次美國行，「我最喜歡黃石公園。」家蓉說，國一時自然課曾經有一課介紹全世界第一座國家公園——黃石公園，自從看到那張大峽谷的照片，她就愛上了黃石，從那時起就想去黃石，夢想是「去黃石國家公園當保育人員」，並因此決定念第三類組。這次親訪黃石公園的感覺如何？「因為遇上下雨，有點遺憾，但還是很美。你能想像嗎？走在路上，忽然就有一隻鹿站在你旁邊……」

最可怕的是大野牛，就停在馬路上，弄得大家不知道怎麼辦？有些開車的人趕緊鎖門……每個人的反應不一樣，有人害怕，有人興奮得跑到

讓美國「看見臺灣」

二〇一四年8月5日上午，「環球傳騎」美國段行程在華盛頓DC的林肯紀念堂（Lincoln Memorial）開騎，出發前大伙在雙橡園的臺灣大使館持國旗合影。來自臺灣的車友們穿著一式的青天白日滿地紅車衣，非常亮眼，引來許多媒體採訪報導。

由於我們這支單車團隊的陣容和成員特別顯眼，一路吸引許多關注，一些當地居民出於好奇會特別詢問我們從哪裡來？要到哪裡？得知我們要從華盛頓DC騎到西雅圖時，連聲"My God!"驚訝的表情，實在有趣。而沿途也收到不斷的加油及打氣聲，在南達科他州蘇瀑市和吉列，蒙大拿州大瀑布市也有當地記者行經見到或有人通知而來採訪。

當車隊抵達終點西雅圖，一路關心我們動態的外交部工作人員特地為我們設宴接風，也讓幾位隊友過了個特別的生日宴。

這一路上的騎程，行經許多美國的地方小鎮，也讓沿途許多美國朋友看見臺灣。

前面拍照，「我那時是又害怕又興奮，因為距離真的很近，而且我們騎車不像開車的人有車作為防護，只有肉身與牠相對……」後來大野牛突然衝刺，還好是往人群的反方向衝。

這次美國行，「十幾天裡我們經歷過零度的低溫，也經歷過四十多度高溫，「走完黃石公園、熊牙公路剛下來，當時的氣溫是零下1℃，都是霧，能見度只有前後一公尺，爬坡路。我們沒想到會那麼冷，沒有準備。」剛開始用塑膠袋套著手當手套，後來用帽子……媽媽說：「這是很好的經驗，因為我們常常無法控制外在的條件，遇到任何情況就是要想辦法應對，還是要騎啊。」家蓉說：「那時也不會想打退堂鼓，就是努力騎，爬到山頂再衝下坡。我想換檔，可是大拇指動不了──凍得沒有知覺了。」因為太冷，所以很期待上坡，「上坡身體會熱起來，會流汗，就可以『解凍』！」對這次美國行，十七歲的家蓉的總結是：「很好玩，每天都很快樂。」

媽媽是一家人裡體力最差的，「我就想慢慢騎，幹麼衝那麼快？」因為總是騎在後面，看到車友對秀雄大哥的陪伴，一起在後面慢慢騎，彼此鼓勵、說話打氣，「我真的覺得這個團隊彼此之間是朋友、伙伴的關係，很溫馨的情誼。」雖然體力最差，但「這次騎完回來，我的體力變好了！」回來之後不久一家人又去騎貓空，「以前我都會休息很久，這次就沒怎麼休息就騎上去了。」

「這次旅程，看到永定阿公、政治大哥他們，讓我覺得我的人生還沒開始。未來很長，還可以做很多規畫。」從美國騎車回來後，侯爸爸最常跟朋友、同事分享的就是親眼見證這幾位七十幾歲的大哥騎車的精神，讓他深受觸動、啟發。「環球傳騎」行程四大段共十二小段，「我說，我有幸參加了十二分之一。有隊友說：侯大哥，你還有十二分之十一。我說好吧，慢慢來完成。這些大哥七十幾歲還在騎車，我還有大把的時間！」

好大的美國

因為騎乘單車旅行，所以更深入民間和自然，二〇一四年美國段，隊員們一致的感想就是「美國什麼都大！」騎在路上，兩邊一望無際，都是大牧場，黃的是玉米田，綠的是小麥田，「過懷俄明州、黃石公園以後才看到山。」「美國第大五湖伊利湖，我們從湖邊騎過，如果不是先知道那是湖，你會以為在海邊騎車——整片一望無際、無邊無涯。」美國什麼都大，菜好大盤，牛排好大塊，漢堡像臉盆那麼大，「他們真的吃得完！也真的胖子很多。」

說到玉米田，相比之下，在美國騎車「方便」（上廁所）的問題比歐洲好解決多了，「玉米田簡直就是天底下最好的廁所了，一走進去人都看不見了。我們都在玉米田『解放』過。」侯爸爸說：「我好愛玉米田，後來沒有玉米田我都很難過。」「美國的玉米很好吃，來自香港的車友Simon叔叔很會挑玉米，他說要捏一捏，捏起來手感像小腿肌的玉

明尼蘇達州沿途有許多大型玉米田農場，但這些並不是食用玉米，主要作為提煉生質油之用。

FAIRMONT

米就是好吃的玉米。」這段美國行行程中，玉米也是大家的最愛之一，「我們去超市買生的玉米，帶有外葉包著的玉米不必包鋁箔紙，直接放進微波爐加熱4分鐘就很好吃。」侯爸爸補充說：「我們去『解放』的玉米田種的玉米不是給人吃的，是做生質柴油用的玉米。」

說起二〇一四年的美國行，年紀最長、76歲的永定阿公記憶猶新：「我們從林肯紀念館出發沿著波多馬克河騎行，波多馬克河旁邊就是自行車道，是很舒服的一條路。這條車道很特別的是它竟然有志工巡邏，協助騎車的人，如果你的腳踏車發生問題，志工會幫你解決。這是我們臺灣可以學習、借鑑的。」木旺兄就在那條路上遇到爆胎，「我們正在補胎時，自行車道巡邏的志工就來問我們需不需要幫忙？很感動。第一次遇到自行車道還有志工巡守，幫助車友解決腳踏車的問題。」

9月1號，車隊從東冰河要越過西冰河，必須要爬過羅根山，「我們從聖瑪麗湖（海拔約一千公尺）開始騎，一路爬坡。那天特別冷，騎到羅根隘口（海拔兩千零三十八公尺），我們想好不容易可以休息一下、好好欣賞風景了，但是霧大，又冷，氣溫大約只有2℃，我戴了兩副手套。我們只待了十分鐘就趕快往下騎，因為太冷受不了。之後是一路下坡。騎那條向陽大道太棒了！真的是騎腳踏車的經典路線。爬上去很辛苦，但下坡的二十公里路程海拔下降一千公尺，到麥當勞湖一直都是下坡，很刺激、很過癮，但也很危險喔，一邊是岩壁一邊是斷崖，又有汽車行駛。」

「還有多藍城自行車道，長一百一十五公里。騎那段路真的也是一生難得。先進入公園，出公園之後就沿多藍河騎。多藍河很長，大約八十公里，一直在河邊騎，左邊是沼澤、樹林，很舒服；騎到最後才走山路，然後是空曠的牧場……很難得的經驗。」

在美國郊外的馬路上騎車，常常看見被輾斃的野生動物，很多浣熊，也有大老鼠、鳥……騎熊牙公路那一天，「下坡時我看見一頭鹿從我前面穿越馬路。還看到大角羊、野牛……」永定阿公還看到了正在用角磨樹的野生麋鹿和黑熊母子檔，「那天我騎在自行車道上，底下是駁坎，牠們就在那裡，距離很近；再往前騎三百公尺，山坡上又有一隻。牠們不怕我們，抱著樹望著我們。」

此次單車壯遊路線從美國的東岸到西岸，行經不同地區和自然環境，所以也歷經不同州郡的生活文化差異、極端氣候及環境的考驗和洗禮。

從美國東岸的鄉村、田野和丘陵，到中北部的遼闊曠野、草原和牧場，再到黃石國家公園和冰河國家公園的高山自然壯麗風光，每個地區

都有不同的風土民情及景色。

愛達荷州海亞華沙自行車道，是「全世界十條最美的單車道」之一，我們此行也特別安排騎行這條美麗的車道。海亞華沙自行車道一九七七年由廢棄鐵路改造成長二十四公里的自行車道，共通過七座棧橋、十個隧道，最長的塔夫托隧道（Taft Tunnel）就長達二·七公里。

沿波托馬克河畔自行車道，離開華盛頓市區進入馬里蘭州。

沿途也常被極端氣候及環境所考驗，從南達科他州的惡地國家公園地區的40℃高溫到黃石公園的零度低溫，還有連綿的起伏山路、逆風、雷雨等惡劣天候，時常考驗著隊員。

雖然騎程非常辛苦，但也因騎單車而有機會深入鄉間地區，可以用不同的視野角度和行進速度，欣賞不同的美景。沿途還探訪了尼加拉瀑布、羅斯摩爾山國家紀念公園、魔鬼塔國家紀念碑、黃石國家公園、冰河國家公園……等美國知名景點。

騎在世界遺產　冰河國家公園的向陽大道。

與好萊塢電影相遇

自從美國好萊塢電影橫掃世界以來的數十年，許多國家的人們都是看好萊塢電影長大的，生長於臺灣的我們也不例外。在美國騎車，會不時看見電影中的場景出現在眼前：筆直綿長無止盡的公路、帥氣有型的老爺車、保守寧靜的小鎮、威風的警長、小酒吧、餐館……

這一次的美國行，我們也探訪了好幾處著名電影中的場景：

羅斯摩爾山國家紀念公園的四位總統（華盛頓、傑佛遜、羅斯福、林肯）石雕巨像可以說是南達科他州最著名的旅遊聖地，這幅頗具代表性的總統山畫面曾經出現在無數的美國電影中。

美國著名地標——總統山。

進入懷俄明州，探訪電影《第三類接觸》外星人與地球人接觸地點的場景——魔鬼塔國家紀念碑。

好萊塢著名影星凱文・柯斯納擔任編導並出演男主角的名片《與狼共舞》，曾在奧斯卡獲得多項大獎，內容講述南達科他州印第安蘇族部落的故事，整部影片就在南達科他州拍攝、製作。「答拉里拉拉」，在懷俄明州的魔鬼塔國家紀念碑，我們探訪電影《第三類接觸》中外星人與地球人的接觸地點。

美國懷俄明州的傑克遜又稱「牛仔城」，好萊塢的西部牛仔片常在這裡拍攝外景，所以這裡看起來更像是一個充滿牛仔味的西部影視城。

臺灣之光、著名導演李安的《斷背山》，原著小說中故事發生的地點也在懷俄明州，但電影拍攝地點其實是在加拿大亞伯達省，所以電影畫面裡出現的藍天白雲與山景其實都出自加拿大，而不是美國。

蒙大拿州的畢林斯也是美國西部拓荒史中重要的一站，湯姆・克魯斯與妮可・基嫚演出的西部

被譽為「牛仔之鄉」的傑克遜，好萊塢的西部牛仔片常在這裡拍攝外景。

拓荒片《遠離家園》就曾在此地取景。當地的草原和天空格外壯闊，也成為電影裡眾人為土地奔馳競賽的場景。

蒙大拿州的89號公路，被《假期》雜誌評為「風景最美道路」，沿途是景致優美的生態保留區，電影《斷箭》及《侏儸紀公園》都曾在此取景。

愛達荷州的華勒斯，在19世紀中期由於金礦、銀礦的開採而繁華一時，這個被美國政府列為歷史保護區的小鎮，也是電影《天崩地裂》的拍攝地。

還有於一九九一年6月3日開拍的電影《大河戀》，主要的電影場景選擇在美國蒙大拿州黃石

進入蒙大拿州《假期》雜誌評為最美風景道路的89號公路，沿途為自然優美的生態保留區，電影《斷箭》及《侏羅紀公園》都曾在此取景。

騎進著名電影《大河戀》的拍攝地——蒙大拿州利文斯頓。

蒙大拿州的天空

公園北方的小城利文斯頓拍攝——這裡也是美國西部洛磯山脈自然景觀與寧靜山水的代表典型。

影片中最引人注目的，就是河中「飛蠅釣鱒魚」：技巧熟練的釣者站在深及腿部的河水中，將手中的釣桿輕巧地大幅度前後擺動，魚線及飛蠅假餌在水面上激起陣陣規律的漣漪……真是非常賞心悅目的一幅畫面。

利文斯頓當地的Dan Bailey's飛蠅釣魚店，正是當年《大河戀》拍攝期間「飛蠅釣鱒魚」的技術顧問。

走訪這些電影中令人津津樂道的經典場景，為單車旅行的過程憑添不少話題與驚喜，也讓大伙留下了更多難忘的回憶。

11歲小騎士陳萱

二〇一四年的美國段行程，女兒陳萱也是隊員之一，在團隊中小學五年級的她年紀最小，在行程中她總是跟著我騎在最後面。陳萱從小就話不多，大家都誇她懂事，說她小小年紀也能克服種種艱辛、挑戰騎完全程，和年紀最長的永定阿公同是「年齡不是問題」的最佳見證。

這次美國行，我們一家三口再度一起出國騎車——二〇〇九年她6歲幼稚園畢業時的暑假，我和媽媽曾經帶著她一起絲路單車親子壯遊，用兩個半月的時間，從西安一路到新疆的吐魯番火焰山，邊騎邊玩，深入體驗沿途的風土民情，也創下全球年齡最小騎單車闖絲路的紀錄。

那次壯遊，陳萱為自己綠色的腳踏車取名為「小烏龜」，也是那次壯遊，讓我對長途單車旅行有了新的體悟和看法。從前的單車旅行，我往往會追趕著每天欲達到的公里數，而忽略了身旁美麗的風景與當地人的笑容；因為帶著女兒，好不容易得以放慢腳步，只為了用心體會每一件小事。路邊小石子的凹凸，灌溉溝渠裡的沁涼，西瓜籽在孩子笑容邊的點綴，厚實雙手的歡迎……種種美好，都是因為「慢」。陳萱的「小烏龜」，無意中點出一個真理：在如此快速的生活模式中，我們到底獲得

陳萱沿著威斯康辛州的郡道騎往密西西比河谷地區。

了什麼？「烏龜雖然慢，但一定到得了終點喔！」

陪伴女兒成長，讓我更進一步深刻體會到「體驗教育」的精義。回顧在陳萱讀幼稚園時期，我因為工作加上繁重的課業，如同許多家長，和孩子的互動較少。隨著時間流逝，驚覺孩子的成長不等人，且父母的保存期限只有十年，趕緊調整腳步，抽出時間陪伴孩子共同成長。兩個半月的絲路騎行中，因為放慢了旅行的速度，讓我們有了許多意外的收穫、學習和覺察。尤其看著女兒在路途上的表現，讓我非常感動，真的發覺孩子的潛力無窮！這是父母經過實際體驗而有所學習。

陳萱2012年挑戰攀登東南亞最高峰——神山。

升上小學之後，陳萱仍然不時跟著我四處「壯遊」，我們的足跡有：尼泊爾安娜普納山區健行，登頂東南亞最高峰——神山（四千零九十五公尺）、探訪熱帶雨林，完成單車環島，中國川西高原壯遊，寮國、泰國、緬甸自助行等。

騎車旅行，有說不完的故事：體會秦始皇的寂寞，熱得讓人中暑、最討厭的戈壁，熱情的老鄉們，甜美無比的馬奶子葡萄，說故事的老爺爺，鳴沙山超好玩的滑沙，騎得快暈倒了，好心人的幫助……對一個小女孩而言，確實是體力與意志的極大鍛鍊：不是大風就是大太陽，也有高溫和酷寒，其他還有惱人、刺耳的喇叭聲，難騎又危險的砂石路，路上的飲料罐、碎玻璃瓶，風沙、塵土……每每看著女兒小小的身軀騎著單車的背影，被太陽曬得黝黑、被風磨得乾粗的皮膚，心中多少都有不捨……這樣的壯遊，對孩子到底是受苦折磨還是培養鍛鍊？如果你和陳萓一起騎過車，就會有清楚的答案。

二〇一四年的美國段騎行，讓陳萓第一次感受美國的歷史、生態和風景，也讓平常最愛吃麥當勞的她吃到「回臺灣都不想再吃了」。問她騎美國的感想，她說：「騎美國比騎絲路辛苦，因為美國的路都是上上下下，太難騎了。」陳萓說，出發第二天最辛苦，路況起伏最劇烈；第三天下雨，過鐵路平交道時她不小心摔了一下，還好不很嚴重。「去黃石公園最好玩，看到很多動物，麋鹿、野牛。在冰河國家公園看到熊，在惡地國家公園看到大角羊……」

從照顧自己到幫我的忙再到照顧別人，小小年紀的陳萓在一次又一次的騎車旅行中培養自己的能力，不斷學習、成長，也不斷給予父母驚喜。

陳萓2013年寮國、泰國行，體驗老外最喜歡的輪胎漂流。

愛報警的美國人

二〇一四年橫越北美洲之行，大家對美國鄉間人民強烈的守法、守望相助精神和警覺心印象深刻，「都市裡的居民不會一有什麼事動不動就報警，鄉村比較會這樣。」車友嘉鴻說：「整趟路看不到警察，你想看都看不到，但稍微有點小的違規或奇怪的舉動，馬上警察就到了，來了解情況，有時當地的小報記者也會來，當然也是民眾提供訊息，很好奇，就來訪談一下。」

美國許多小鎮的十字路口沒有紅綠燈，但一定會有"Stop"的標誌，按照規定，所有到了路口、看到這個標誌的人與車都必須停下來，然後再過馬路——即使沒有車也必須要停。車隊剛開始沒注意到這個規定，往往見左右沒車就騎過去了，然後就有人報警，警長就開著警車來了……

美國許多小鎮比較保守，以前看美國的電影、影集，感受不是太真切，這次去就發現在美國的小鎮裡警長真的就很大，很多事他說了算，鎮民們有什麼事就打電話給警長，警長就來關心情況。你就發現，美國怎麼那麼多「抓耙子」？什麼事都報警。在歐洲我們沒有碰過這樣的情況。為什麼？我想，第一個美國人可能比較雞婆，第二個他們比較注重個人權益和安全。也許覺得我們這群陌生人可能會侵犯他們的權益，他要預防在先。經過幾次經驗，之後我們只要看到"Stop"的標誌就一定會停車，不管有沒有車，一定要停個三秒，必須要有這個動作。否則就會有人報警。

有一次我們停在一家小超市旁邊收車、準備休息，警察來了，因為有人舉報我們違規……因為我們人數多，收車時有時候範圍會擴得比較大，譬如說擴到人行道上，這就是違規。只要有人舉報，警察就要來了

離開懷俄明州的吉列，有人報警，警長就開著警車來關心狀況。

解情況，對他來講這可能是個麻煩，這時我們就是配合他的工作，盡快離開。

警察來了倒也不至於刁難，也就是看一看情況，做一些善意的提醒，只是每次一看到警察，大家心裡總會暗歎一聲：「啊！又來了……」心裡總有一個無形的壓力，不知道什麼時候警察又來了。在美國還真的不能不守規則，雖然看起來周圍都沒有人，但就是有很多人會打電話報警。大概很多人是在家裡窗簾後面往外看，看到了就報警。這真是很不同的一種生活文化的體驗。

第一次去美國的車友高金葉說：「這次去美國騎車回來之後我都跟親友說：美國不好玩，因為不太可愛。文化差異太大。」有一天車友們在一塊樹蔭下吃午餐，「野餐，難免會坐到別人家的草皮，結果警察又來了，我們就知道屋裡的人報警了。警察很客氣，說這是私人的地，要我們移到公園去吃。可是我們臺灣文化就不一樣，我很不習慣，美國人怎麼這樣？很沒有人情味。像我這麼熱情的人，如是我是主人，我會出來招呼那些在我家草皮上用餐的人，泡茶大家一起喝，請他們吃水果……」

「後來我們已經有經驗了，知道美國人很重視所有權，處處注意不要侵犯。」有一天午餐時，車友們很小心地不坐到人家家的草皮，只是有一點東西放到了草皮上，「這樣他們也報警。」還有一次車友們停下來吃午餐時，看見附近正好有一位居民，車友客氣地走上前去問他：「我們在這裡吃午餐可以嗎？」對方說可以。結果警察還是來了。「我們跟警察說，已經徵得居民同意了！警察說，一個人的意見不代表所有社區居民的意見。我們又只好趕快收了東西離開。」

在熱情好客的臺灣人來看，美國人這樣似乎是太不近人情了點，但其實這也和生活環境、地理條件有關。美國幅員廣大，小鎮和小鎮之間距離遙遠，與外界的接觸比較封閉些；歐洲騎單車的人多，單車是他們生活的一部分，上班、買菜都常常騎單車，比較見怪不怪，不像美國人開車比

美國小鎮警察

美國小鎮的警察，就是地方上的小霸王，很多事都是他說了算。

那天，車隊從南達科州枯木鎮出發，往西騎行約四十六公里進入懷俄明州。午餐大伙找了個小鎮休息，剛停下來，當地警官馬上來關切，他說：「在公路上騎單車必須要騎在白線外，不可騎進白線內。我剛才看到你們有些人騎在白線內。」又說，這兩週以來他管轄的區域內沒有車禍，不希望發生事故，所以過來了解一下。

從芝加哥一路過來，路上幾乎沒看到什麼警察，不過當地方上有任何一些小異樣時，他就出現了，因為所有小鎮鎮民都是他的「線民」。

懷俄明州。從枯木鎮出發，午餐休息時，當地警官馬上來關切。

在昔日西部淘金熱所建起的小鎮枯木鎮前，當地居民特別停車下來詢問我們。

較多，因為地方太大，沒有汽車幾乎等於沒有腳。

美國人也很有意思，他們一開始會先保護自己，等他問完你、了解你以後，會好奇你做的事。通常美國朋友聽到我們要從華盛頓要騎到西雅圖，第一個反應就是“My God!”不敢相信，有人說：「我這輩子坐車都沒去過那麼遠。」還有人說：「我這輩子都沒有離開過這個鎮」……當然也有許多加油、打氣，很多反應都很有意思。總的來說，美國朋友還是很友善、很熱情的，而且會很欽佩我們，覺得我們好厲害，因為他覺得他做不到這些事情。

此次美國行，我對蒙大拿州的人

印象最好。雖是同一個國家，美國每一個州的民情都不太一樣，蒙大拿州的人最和善，他們好奇而熱情，會問我們從哪裡來？要去哪裡？不管是在超市或是小鎮遇到，幾乎所有人都會對我們說"Welcome to Montana"，都很客氣而和善，整體給人的感覺很舒服。

美國人當然也有熱情的一面，有一次車隊在超市買了食物之後在那裡午餐，就獲得超市致贈的兩箱礦泉水，也遇過哈雷機車騎士對車隊豎大拇指表示讚佩。有車友如此形容美國人和歐洲人：「美國人剛開始是冷的，他要先保護自己，但後來是熱的。歐洲人就是一直冷，他不會特別表現出什麼，你不要去侵犯他的權益就好。他們也會好奇、驚訝，但很少，引不起什麼太大的激盪。」

明尼蘇達州鄉間小鎮，和當地居民午餐。

念高中的家蓉說：「其實大部分美國人對單車騎士很友善，像我們有時候騎在靠馬路中間，後面的車也不會按喇叭，就慢慢在你後面開，等到對向來車過去了才慢慢繞過你往前開。」有一次遇到警長，家蓉問說：「我可以跟你合照嗎？」警長回答：「當然不可以！」她愣了一下，心想：好吧。轉身離去。沒想到警長馬上大笑說：「開玩笑的啦，你回來，你回來！」她如願和警長合了影，也親身體會到在美國人生活中無處不在的「美式幽默」。

恐怖的-1℃騎車經驗

美玉老師在小學任教，和愛好攝影的先生喜愛旅行，去過許多地方騎車，二〇

二〇一三年參加「環球傳騎」歐洲第二小段，二〇一四年又和先生參加美國第二小段。喜愛文字創作的她，每每在旅行中藉著文字書寫抒發自己的情感，常常半夜坐在馬桶上一個注音一個注音地點，寫到手機快沒電，因為平常的生活太忙，教學、演講、寫教案……「回來就沒空寫了。當下寫下來對我來說是最好的。」雖然騎車旅行很辛苦，對她也是體力上很大的挑戰，但也因此增加了很多和人、和景物接觸的機會，以及探索自己生理、心理極限的機會，「騎車時的專注、五感全開狀態，才能使身心靈得到真正的解放。」單車行既是旅行又能健身，每天只做一件很單純的事——專心騎車，「騎車旅行對我來說是休息，每天我都可以很累地睡覺，很好睡；在臺灣沒辦法這樣，因為都是腦力活動，身體都不累。」這些美好，讓她深深愛上單車旅行。

平常沒有騎車的她，二〇一四年的美國行最難忘的是體力上的挑戰，「最高溫是40℃，最低溫是-1℃。我覺得是挑戰人體能的極限了。」-1℃在熊牙公路騎車的經歷，被她形容為是「最美的公路，最恐怖的-1℃騎車經驗」：

「以為7℃在黃石公園騎車，就要破自己的人生紀錄了，沒想到更猛的還在後頭——因為，黃石最高也就兩千多公尺，熊牙隘口最高是三千

和哈雷機車相遇。

三百四十公尺，海拔高度超過臺灣的武嶺。

「當天一早，溫度計指著華氏30度，換算成攝氏不就-1度？搖搖頭，還以為算錯了，不敢相信我們竟然會在這種狀況下騎車，想想，雖然覺得很凍，卻好期待此生能擁有這樣的經驗啊！

「騎了，才開始叫『媽呀！』

「天哪！我的手和腳指頭，完全凍僵啦！鼻子鼻水流個不停，冷啊！好冰啊……怎麼辦？此起彼落，哀爹叫娘，然而，單車一旦上路，無法回頭，只能繼續往前衝吧！中途，天才侯家哥哥還把原來裝腳踏的小帆布袋當作指套；隊員亮廷則是把另一雙袖套

熊牙公路遇到零度低溫。

裹住半截露出的手指。我的手套是全包覆式，但，這種布料豈能將擋住寒氣？

「很快的，一早的雄心壯志，慢慢消退，天寒地凍的騎車滋味，真是『點滴在心頭』！

「茫茫的濃霧，隨著時間的推移，緩緩消散，氣溫卻仍然堅持保持一定的水準——1～3℃。雖然溫度稍有進展，而且，經過痛苦的踩踏奮戰，身子骨早已熱了，可是末梢神經卻依然不夠溫暖，此刻，只能祈求上天垂憐，讓威猛的陽光快快露臉，好驅逐陰魂不散的寒意啊！

「熊牙公路的來頭可不小，除了海拔特高之外，最叫人津津樂

道的就是山頭終年積雪，還有壯麗雄渾的山勢，嶙峋蒼勁的峭壁岩石，劃過山谷的溪流，曲折蜿蜒而下，妝點出大地植物的秀麗與生機。

「揭開美景，只能親臨，只能一步一踩。這一天，兩個小時之後，手腳慢慢有了知覺，陽光漸漸透出一點光，一絲絲的溫暖，讓熊牙的美更顯耀眼。

「這一路，成長與收穫含括所有人事物多元交織，也是因為如此，騎車旅行儘管再辛苦再難受，我亦如飛蛾撲火般迷戀，無法自拔。」

沿著被譽為美國最漂亮公路之一的熊牙公路，離開黃石公園地區，進入蒙大拿州。

旅行中的移動廚房

為尊重不同的飲食習慣，也為了讓參加者有更多品嘗地方風味的靈活彈性，從二〇一三年起，「環球傳騎」行程不再團體安排午、晚餐，於是從二〇一三年歐洲段起，大家每天的午、晚餐都不太一樣，充滿了變化和個人自由的展現。有人喜歡外食，有人習慣自己做飯，旅行中的移動廚房，也是一門學問。

二〇一三年歐洲段行程出發時，我買了一大包米放在支援車上，以備不時之需，

沒有農夫的農場

美國土地廣大，人口稀少，騎車經過的威斯康辛、愛荷華、懷俄明、蒙大拿等農業大州，農場裡不見一個農夫，只見巨大的自動灑水機緩慢前進著，天空偶有灑農藥的小飛機飛過，是全自動化、沒有農夫的農場。從飛機上往下看，只見廣大的一片綠色大地，其間有細小的白線，筆直地劃分出一格一格區塊，騎單車走在其中才知道這白線是道路，每一格邊長約為1英里。

但因為自己開伙做飯要花很多時間，而且歐洲停的點都是精華的古城、小鎮，如果自己做飯就沒有時間去逛，所以大家很少自己開伙，吃得比較簡單，結果那包米每天扛出扛進，一路原封未動，跟著車隊跨越歐洲、抵達終點。

到了二〇一四年的美國段，由於時間較多，而且大超市多、採買容易，大家常常自己開伙。菜色除了較常見的泡麵、煮麵、燙青菜，還有蘿蔔乾、辣炒丁香魚、煎牛排、茶葉蛋、焢肉飯，甚至還有清蒸鮭魚、白煮梅

移動廚房。

花肉、香菇玉米粥、磨菇鮭魚味噌湯……這些料理都是用一個小鍋做出來的，燒開水、煮湯、煮粥都用它，要煮飯再加一個內鍋就可以。

劉清霖和高金葉夫婦兩人都有一手好廚藝，也喜歡自己開伙，「自己做，第一吃得比較習慣，第二經濟，省很多。」

「二〇一三年去歐洲騎車時我們沒經驗，只帶了兩支電湯匙、一個燜燒罐，帶了麵條。用電湯匙煮麵條，麵條會黏住電湯匙，就壞了，爆掉一支，只剩下一支，我們好緊張！好怕它又爆掉，就沒有熱湯喝了。」高金葉說：「歐洲的超市和美國的超市不一樣。美國的超市肉品多，可以買到雞腿、牛肉、豬肉……在歐洲騎車時幾乎沒有看到過這些食材，熟食也很少。歐洲的超市不像美國的沃爾瑪超市那麼大，種類也少，又很貴，所以二〇一三年我們去歐洲騎車時幾乎都是吃麵包配罐頭，用燜燒罐泡麥片粥。」

「唯一一次在盧森堡我們找到一家華人開的超市，開心死了！東西好多，豬肉、牛肉片、皮蛋、沙士……什麼都有。」那一天，他們非常奢侈地煮火鍋吃。

歐洲四十四天裡，有一天中午車隊遇到路邊有一攤賣烤雞的，一群車友全都過去買烤雞，一下子把烤雞買光了，老闆很開心，那天可以提早收工了，「很難得在歐洲遇到賣熟食的，大家絕對都把握這難得的機會打打牙祭。」

另外，歐洲比美國熱，騎到中午休息時大家常常都沒什麼胃口，「所以午餐隨便吃吃就好：啃麵包，喝可樂（男人就喝啤酒），再吃點水果，有時配個罐頭。」由於缺少食材也缺少鍋具，晚餐也常常是煮個麵、加上麵包，「吃完就算了。」這樣過了在歐洲騎車的四十四天。

「歐洲行那次嚇到了，所以次年去美國騎車，我就想一定要帶一個能加熱、能燒水的鍋去才行。」行前高金葉和先生在臺灣特別先物色、買了一個準備帶去美國的鍋，其他車友也說要，「我又幫伙伴們買了四個一樣的鍋。木旺也買了兩個，清泉自己也有帶，我們這群人總共有八個鍋。」剛好這次去美國，班機可以帶行李四十六公斤，更有利於攜帶食材，美國行就準備得比較充分。從臺灣帶去的有蔥頭酥、一大罐豆豉炒辣椒、一罐蘿蔔乾炒辣椒，醬油、味噌、香菇、各種調理包、麵

為退伍軍人而騎的馬修

在最冷的那一天，幾名車友在羅根隘口遇到了一個美國人馬修，他的計畫是以兩年時間，單騎騎越美國北中南三條橫貫線，這是為拯救自己的人生而展開的騎行，也是為許許多多退伍軍人而騎的壯舉。

馬修是一名退伍軍人，曾到伊拉克參戰的他，返回美國之後就為戰爭症候群所擾，一直無法忘懷戰場上的事，工作、家庭都出了問題，甚至有自殺傾向。有一天他買了一輛腳踏車，開始從家鄉亞歷桑那州出發，展開長征行動。車友們遇到他時，他已經騎了十六個月。馬修說，剛開始騎時，晚上睡覺還是常常夢見戰場上的事，三個月之後就似乎已經淡忘了那些事，因為每天騎車很

條、冬粉等。

在美國騎車，幾乎每天收車後、到下榻旅館之前，都會經過大賣場，讓車友們有機會去採買；有時經過的是小鎮，沒有大賣場，領隊也會先告訴大家：明天可能不會經過大賣場，今天可以多買一點。「我通常會買馬鈴薯當主食，碰上玉米剛收成，也會買玉米，還有紅椒、蘑菇、小黃瓜、蘿蔓、青菜等，都可以放一、兩天。」

每天騎完收車、到達下榻的飯店之後，就是高金葉的料理時間：準備當天的晚餐和次日的午餐。那天車友在超市買了一大塊鮭魚，「他說他不會煮，就送到我們房間讓我煮。我就一部分清蒸，一部分煮味噌湯。美國牛肉很便宜，做一個水煮牛肉片，沾醬吃，牛肉湯拿來煮冬粉或麵條……不會花很多時間，又很好吃。」

隔天的中餐，「我們帶了燜燒罐，把麥片和調理包放進去，加開水，就變成鹹的麥片粥；再加上事先煮好的雞蛋、馬鈴薯，有時候是麵包，再加上香蕉……三十幾天午餐就這樣吃。」同行一個多月，開伙族車友們也形

累，體力消耗很大，晚上睡覺就不太會胡思亂想了。馬修有一個「為退伍軍人而騎」的網站，網站上詳細介紹了他的計畫：「我是一個伊拉克退伍軍人（二〇〇三～二〇〇四年服役），二〇一三年，我開始騎自行車橫跨美國四千三百英里之旅，這是一個人的旅程。此行的目的是希望降低退伍軍人的自殺率，呼籲社會採取措施，防止或減少驚人的退伍軍人自殺現象，家庭、社區和個人都要採取行動，呼叫，伸手，防止退伍軍人自殺。

「作為一名老兵，我了解我們在參與戰場上的戰爭之後，就要面對解決個人的戰爭，我們需要尋求資源、尋求幫助。自殺不是一個永久性的解決方案。請立即行動，不要等待。請各位幫助、支持我的事業」。

成了一種默契聯盟：有人每天都會煮一鍋飯，有人每天都會準備沙拉，有人負責買食材讓會做的人做，還有伙伴買了一個冰桶，用來冰飲料、生鮮肉類等，「秀雄就負責買單，他說大家都很照顧他，他很不好意思，所以如果有時在餐廳吃飯他就會搶著付錢，回請伙伴們。」

自己開伙，既吃到了自己習慣的食物口味，又可以省下一筆外食開銷，喜歡自己動手做的人不妨考慮效法！

美國卡車文化

美國幅員廣闊，長途運輸除了飛機、火車之外，「大大大大卡車」是最常見的。有一次我們看見一、二十輛超大卡車聚集，雖然是大卡車，卻各有各的車頭樣式，似乎也標舉著不同的個人特色。

這麼大的車無法到一般的加油站加油，通常只能到高速公路上的卡車專門加油站才行。三十五號國道卡車加油站旁有間Subway，裡面除了賣吃的東西，還有很多卡車司機所需的用品，如T恤、CD、大手提袋……讓人一窺美國卡車文化的一隅。

【結語】最棒的團隊，最好的旅程

從二〇一一年的絲路中國段開始，到二〇一四年的美國段完成，「環球傳騎」走完了第一個單車環球，也是一個里程碑。二〇一四年9月上旬結束橫越美國段行程後，我的心情是「有些驚訝，四年就這樣一瞬間而過……」

四年，足夠孕育一個孩子到他能走路了。在抵達這次橫越美國段終點西雅圖的前幾天，伙伴們的心情和團隊的氛圍不是雀躍、喜悅的，反而是異於平常的寧靜——大家似乎都在沉澱自我複雜的心情。

四年都參與的政治大哥，最後三天的騎程特別到團隊後面，騎在速度較慢的秀雄大哥旁，重溫細品第一年絲路中國段押後時陪伴秀雄大哥騎車的情境。

四年都參加的顏政治（右）、廖木旺，完成分時分段單車環球。

華盛頓州壯觀的冰河遺跡——大古力峽谷區。

原木大多騎在領先集團的木旺大哥，有時也落到隊伍後段，輕踩著單車，輕鬆地哼唱著歌曲，好似在享受這終點前的片刻時光。

二〇一一年，當我們決定進行這個全球首創的高操作難度但可行的「環球傳騎」計畫時，也沒有十足的把握一定能順利完成這個需要延續四年的長時間計畫。

非常感謝每段參與伙伴的支持、鼓勵及回饋，激發出我們前進的動力，並在活動中不斷從中學習、體驗，從而建立了單車環球的不同模式。

第一次的「環球傳騎」計畫，從二〇一一年的中國大陸北京展開序幕，二〇一四年在美國西雅圖結束。但這並不是落幕，因為我們又將從終點回到起點，開始第二次的「環球傳騎」計畫。我們希望讓這個計畫持續，也讓許許多多有著單車環球夢想的朋友，多

一種圓夢的方式。

這樣的旅程，不是一般的旅程；這樣的團隊，也不是一般的團隊。

美國段隨行車的司機Sam，一開始常常雙手交叉抱在胸前看這群人，他大概覺得我們這群人是神經病、瘋子，花錢來這裡騎車，下雨也要騎，大太陽或凍得要死也要騎，上坡騎得那麼累……他很難理解為什麼有人竟然花錢買罪受？慢慢地，他開始覺得這種玩法也滿有意思的，偶爾也會偷空試騎一下。行程結束之後，有車友想買此行騎乘的自行車，我看Sam在旁邊看，似乎心癢癢的，也想買一輛來騎。我看他也想要，就說送他一輛，感謝他一路協助我們。Sam還是堅持付了兩百元美金。

這個團隊裡，沒有老闆和夥計的關係，也沒有商人和顧客的關係，只有伙伴關係。整個過程裡，我們感謝每一位付出的人員，沒有他們，我們無法成事，所以我們對待每一個成員的態度都是把他當成我們的伙伴，彼此尊重、彼此協助。我們是一體的。

車友羅仕東說：「我常跟朋友說，參加守忠的行程三次，我最大的感想是：我們這群老傢伙是很可愛的，也是我所見過最和諧的團體。一起出遊幾十天，沒有聽說有爭執、吵架。為什麼？我想除了大家都心胸寬大之外，另外就是運動帶來的能量讓大家都很開朗。過程中大家都很願意互相幫助、彼此互相關心，這是很難能可貴的。大家都很有愛心，相處很愉快。」

每當行程進入尾聲，訪談大家的感想，幾乎每一個人都會提到感謝隊友的照顧和支持——和一般旅行不太一樣。如果是跟團旅行，大家都是被導遊、被工作人員照顧，而單車旅行是大家彼此照顧，感情不一樣。

在旅程中，這個團隊裡的每一分子總是彼此協助、互相幫忙，不吝嗇，就像一個大家庭，任何人提出任何一個問題，大家都會想辦法，有人出嘴、有人出力……人與人之間的互動很溫馨，願意付出，互相包容——而這也促成了一種良性循環：當別人主動對你付出，你也會很願意對別人付出。心裡的感受暖暖的、滿溢著，無形中也使旅程更豐富、更深刻。

風景的美、人心的美同時收穫——也許，這就是最好的旅程。

抵達終點西雅圖，臺灣外館幫我們辦慶功宴，華盛頓州副州長也列席。

國家圖書館出版品預行編目（CIP）資料

環球傳騎：單車壯遊夢，分時分段行／陳守忠著.
-- 初版. -- 臺北市：遠流, 2015.07
面；　公分. --（Moving概念旅人；RV038）

ISBN 978-957-32-7657-9（平裝）

1.遊記　2.腳踏車旅行　3.世界地理

719　　　　　　　　　104009927

Moving 概念旅人 RV038

環球傳騎 **單車壯遊夢，分時分段行**

作　　者——陳守忠
文字協力——劉湘吟
照片提供——姜俊瑋、呂嘉鴻
副總編輯——林淑慎
執行編輯——廖怡茜
行銷企劃——葉玫玉、叢昌瑜
美術設計——陳春惠

發 行 人——王榮文
出版發行——遠流出版事業股份有限公司
100臺北市南昌路二段81號6樓
郵撥／0189456-1
電話／(02)2392-6899　傳真／(02)2392-6658

著作權顧問——蕭雄淋律師
2015年7月1日　初版一刷
售價新臺幣350元（缺頁或破損的書，請寄回更換）

ISBN 978-957-32-7657-9

YLib 遠流博識網
http://www.ylib.com　E-mail: ylib@ylib.com